教育経済学の実証分析

ー小中学校の不登校・高校における中途退学の要因分析ー

池本 駿

三菱経済研究所

序文

人口減少に直面するわが国において，次代を担う子どもに対する教育はますます重要性を増してきている．近年，Evidence Based Policy Making（EBPM）を背景に，様々な統計のオープンデータ化が進み，わが国における教育政策や児童生徒の学力・行動・進路に関する研究は急速に蓄積が進んでいる．これにより，従来は定性的・経験的にしか語られてこなかった家庭と子どもの学力の関係や，ゆとり教育の評価，少人数学級の費用対効果など，様々な事象・施策について経済学のメカニズムを応用し，客観的かつ定量的に測り，建設的な議論を行う土台が醸成されてきている．

ただ，このような定量的な分析結果をもとに，議論可能な事柄が増えてきている一方で，経験論や精神論で語られ，議論が進まない教育問題もまだまだ多い．わが国の義務教育段階である小学校・中学校においては，不登校児童（心理的・情緒的・身体的社・会的要因・背景等によって年間30日以上登校しない，あるいはしたくともできない状況にある者）の増加が止まらず，2018年度には過去最多の16万人を超える水準となった．全児童数に対する不登校児童数割合で考えると，中学生については約27人に1人，つまりは少なくとも1クラスに1人は不登校児童がいる現状である．

中学生の高等学校進学率はほぼ100%であるが，高校生の中途退学者は毎年約5万人発生し，中途退学者のその後についての追跡調査は乏しい．中途退学者が再度新しい環境で高等学校卒業を目指すには，異なる高等学校に入学し，学びなおす手段の他にも，高等学校卒業程度認定試験を受け，合格することで，高等学校卒業が受験要件となっている公務員試験・資格試験や大学受験への道を開くことができる．

通信制高等学校の台頭も目覚ましい．特に近年はインターネットでの学習・コミュニケーションを中心とした通信制高等学校が，様々な層の学習ニーズを満たし人気を集めている．義務教育段階ではないことで，高等学校での学習の在り方は時代の流れを汲み取り，柔軟に変わりつつある．

本書ではテーマとして取り上げないが，池本・鈴木（2019）では，大学等における中途退学が就業形態や賃金に与える影響を研究し，大学等中退者が高卒者と比較し，キャリア面で厳しい現実に直面することを明らかにしている．

本書の目的は，小学校・中学校という義務教育段階における不登校の現状を整理し，正しく状況をとらえ，不登校児童の支援に寄与すること．そして，高等学校における中途退学の要因を明らかにし，防止方法および中途退学後の選択肢を提示することにある．筆者自身が小学校・中学校で不登校を経験しており，本書が"一般的な"教育に馴染めなかったり，合わなかったりした本人や家族の助けになれば幸いと考えている．

本書の構成は以下の通りである．第1章では，2018年度における不登校児童数が小学生で44,841人，中学生の場合は119,687人と，義務教育期間の児童合計で16万人を超え，過去最多となっていることに着目し，この不登校の要因や不登校児童を取り巻く環境等について，最新の政府統計やフリースクールに関する調査を用いながら解説を行う．第2章では，高卒賃金や最低賃金といった地域経済環境，学力や適応といった学校環境が高校生の中途退学の意思決定にどのような影響を与えるのかを明らかにするため，理論モデルを組み立て，47都道府県の高校生中途退学率を含んだデータセットを作成し，地域経済環境側面と学校環境側面に注目して分析を行った．理論モデルにおいては，高等学校卒業後と高等学校中途退学後の期待賃金という地域経済環境側面および学校環境側面の要因から高校生の中途退学意思決定の影響を調べ，それが実証分析でも裏付けられることを確かめた．実証分析においては最低賃金と比較して高卒賃金が上昇すると卒業のインセンティブが高まり，中途退学率は下がること．そして中学生不登校割合が高いと中途退学率も高くなることが明らかとなった．

第3章では，高等学校卒業程度認定試験の概要および受験・合格率について分析を行った．都道府県別データを用いた分析の結果，高等学校中途退学率と高卒認定試験受験割合には正の相関があることが示された．このことから，高等学校を中途退学した後に高卒認定という制度を使い，新たな高等教育への扉を開いている姿がみてとれる．これは教育機会確保の観点からも，高等学校卒業程度認定試験が正しく活用されていると考えられる．また，高卒認定試験合格率と中学3年生時の学力に正の相関があることは，高卒認定試験が定める「高等学校を卒業した者と同等以上の学力があると認める」という認定像とも整合的な結果である．

第4章では，近年台頭してきた通信制高等学校の入学者に関し，都道府県ごとの中学生の不登校割合等に着目し分析を行った．その結果，中学生総数に対する中学生の不登校割合が増加すると，全高等学校の入学者数に対する通信制高等学校入学者割合も増加する傾向があることが明らかとなった．このことから，不登校を経験した中学生は全日制高等学校や定時制高等学校でなく，より自由な学び方ができる通信制高等学校を志向していると考えられる．

謝辞

本書を書く機会を与えてくださった土居丈朗先生（慶應義塾大学）と公益財団法人三菱経済研究所の丸森康史副理事長，滝村竜介常務理事，杉浦純一研究部長に深謝いたしたい．研究所では，研究内容だけにとどまらず，広く社会問題について日々議論し，俯瞰的に本書を執筆することができた．このような知的好奇心が満たされる環境下で，執筆に集中させて頂き，大変感謝している．また，学部生時代からの指導教官で，本書の草稿に貴重なアドバイスをくださり，日頃からお世話になっている赤林英夫先生，研究に対するコメントを頂いた太田聰一先生，鈴木秀男先生，直井道生先生，服部哲弥先生，神成文彦先生（いずれも慶應義塾大学）にも心から感謝申し上げる．

最後に，私事ではあるが，普段から助けられている妻智美と両親に感謝したい．

2020年3月

池本　駿

目次

第1章

義務教育期間における不登校の現状

1.1 はじめに

義務教育とはそもそも何か．教育基本法の第2章第5条には「義務教育として行われる普通教育は，各個人の有する能力を伸ばしつつ社会において自立的に生きる基礎を培い，また，国家及び社会の形成者として必要とされる基本的な資質を養うことを目的として行われるものとする．」と書かれている．この義務教育の在り方が，不登校児童の教育機会確保という観点から変わろうとしている．

2016年12月に「義務教育の段階における普通教育に相当する教育の機会の確保等に関する法律」(以下：教育機会確保法) が成立した．この法律の目的は教育基本法及び児童の権利に関する条約等の趣旨にのっとり，不登校児童生徒に対する教育機会の確保，夜間等において授業を行う学校における就学機会の提供，その他の義務教育の段階における普通教育に相当する教育の機会の確保等を総合的に推進することである．この法律制定の背後には，日本における義務教育段階での不登校児童 (心理的・情緒的・身体的・社会的要因・背景等によって年間30日以上登校しない，あるいはしたくともできない状況にある者) が無視できない数に上っている現状がある．

歴史的には，不登校という概念はBroadwin (1932) において怠学 (truancy) の1種として解釈されてきたが，その後Johnson (1941) やHersov (1960) などで学校恐怖症 (school phobia) や登校拒否 (school refusal) という単語が使われ始めている．日本においては1990年代に不登校という言葉が一般的となり，森田 (1991) や朝倉 (1995) などにより大きな研究テーマとなり始めた．

文部科学省 (2019)「平成30年度児童生徒の問題行動・不登校等生徒指導

上の諸課題に関する調査」によると2018年度における不登校児童数および
その割合は小学生の不登校児童数で44,841人（0.70％），中学生の場合は
119,687人（3.65％）と，小中学生合計で16万人を超え，過去最多となってい
る（図1-1・図1-2）．中学校の場合はクラスに最低1人は不登校児童がいる

図1-1　小学校・中学校不登校人数推移

注）文部科学省（2019）「平成30年度児童生徒の問題行動・不登校等生徒指導上の諸課題に関する調査」より筆者作成

図1-2　児童1,000人あたり小学校・中学校不登校人数推移（‰）

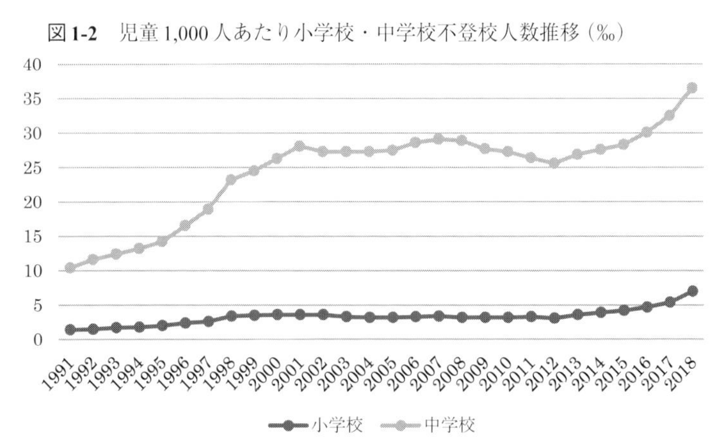

注）文部科学省（2019）「平成30年度児童生徒の問題行動・不登校等生徒指導上の諸課題に関する調査」より筆者作成

ほどの高い割合である．前年調査の2017年度と比較すると，小学生の不登校児童数が35,032人だったことから28％増，中学生については108,999人だったことから14.2％増で，増加ペースも早い．

国立教育政策研究所（2015）によれば，小学生よりも中学生の方が不登校人数・割合が高い要因として，授業内容が難しくなり，教師も生徒をより大人として扱い，部活に所属することで複雑な人間関係に直面するといった小学校とは異なった世界でのカルチャーショックとも考えられている．この小学校から中学校へ進学し，直面する環境の変化を一般に中1ギャップと呼び，新しい環境に適応できず，体調不良を訴えることや，不登校となる生徒が毎年相当数発生する．

日本における中学校卒業者の高等学校進学率は99％まで伸びてきており（図1-3），不登校児童といえども高等学校進学は他人事ではなく，不登校という状態がその後の進学や就職にどう影響するのか，ということは本人だけではなく家族全体の悩みでもある．そのような中，中学校卒業者に占める高等学校通信制課程進学割合が2004年以降急激に伸びてきており，2019年3月の中学校卒業者のうち3.0％が通信制高等学校に進学している（図1-4）．

図1-3　高等学校進学者数および進学率

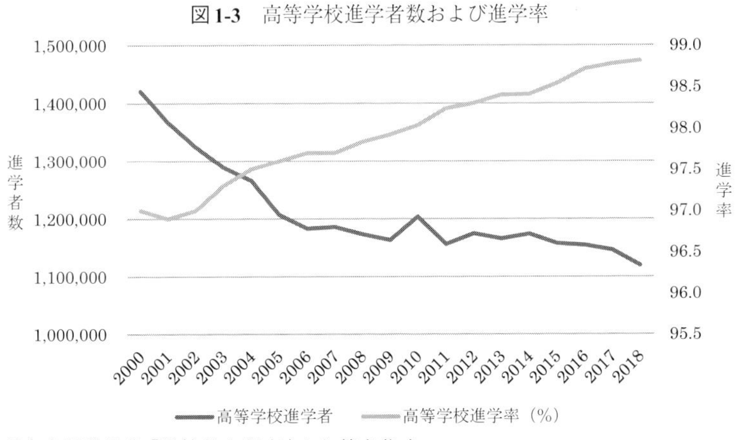

注）文部科学省「学校基本調査」より筆者作成

図 1-4　中学卒業者に占める高等学校通信制課程選択率（%）

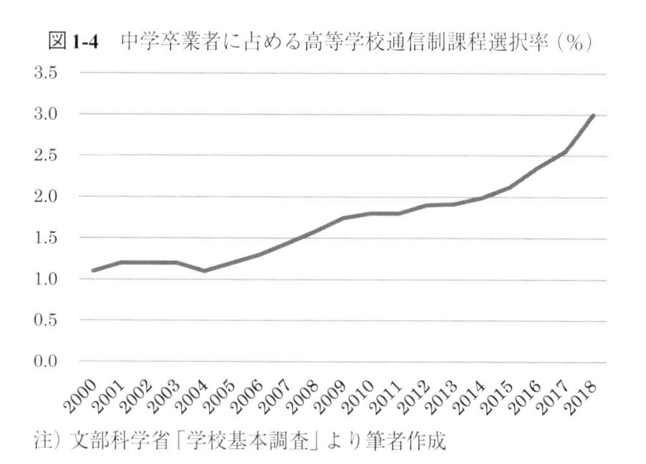

注）文部科学省「学校基本調査」より筆者作成

1.2　先行研究

文部科学省（2014）「不登校に関する実態調査」では，2006 年度に公立中学校 3 年生で不登校として年間 30 日以上欠席していた者 41,043 人（男子 20,464 人・女子 20,579 人）の 5 年後の状況等について追跡調査を行っている．対象者 41,043 人のうち，実際にアンケートに回答したのは 1,604 人（男子 668 人・女子 914 人）であった．

不登校になったきっかけ（表 1-1）としては，「友人関係（53.7%）」，「勉強が分からない（31.6%）」の 2 つが上位として挙げられ，不登校の要因として一般に認識されているいじめ等の友人関係だけではなく，勉強に起因するものも不登校の原因となっていることが示されている．

不登校になったきっかけだけではなく，不登校継続の理由（表 1-2）としては「無気力（43.6%）」，「身体不調や漠然とした不安感（42.9%）」などの心身の不調や，不登校のきっかけともなっている「いじめなどの人間関係のため（40.6%）」に加え，「勉強についていけなかったため（26.9%）」といった不登校になったことによって学習についていけず，不登校が継続してしまうという根深い問題も浮かびあがっている．

また，不登校経験者の中学校卒業後の状況について目を向けると，高等学校進学率は 85.1% で，そのうち 14.0% が高等学校を中途退学している．この

表1-1　不登校になったきっかけ

不登校原因	（複数回答）
1.　友人関係	53.7％
2.　勉強関係	31.6％
3.　教師関係	26.6％
4.　学校適応	17.3％

注）文部科学省（2014）「不登校に関する実態調査」を基に筆者作成

表1-2　不登校継続の理由

不登校継続理由	（複数回答）
1.　無気力	43.6％
2.　心身不調	42.9％
3.　いじめなどの人間関係	40.6％
4.　勉強についていけない	26.9％

注）文部科学省（2014）「不登校に関する実態調査」を基に筆者作成

数値は中学校卒業者全体に占める高等学校進学率平均（約99％）よりも遥かに低く，高等学校中途退学率平均（約1.5％）よりも遥かに高い．小学校・中学校は義務教育のため，出席が0でも進級・卒業が可能であるが，高等学校は義務教育外であり，出席と単位を取得できなければ進級・卒業できないといった中学校までとは異なる仕組みが存在することが背景にあろう．

さらに，調査が行われた20歳時点での就学先は，「大学・短大・高専（22.8％）」，「高等学校（9.0％）」，「専門学校等（14.9％）」となっており，大学等進学率平均（約55％）と比較して考えれば，大学等進学率・在籍率は低く，20歳での高等学校在学者も1割程度いることから，中学校での不登校経験がその後の進学・進級・卒業や最終学歴にも大きな影響を与えていることが推測される．

不登校に関する学術研究については，主として教育学や心理学の観点から行われている．2007年に特別支援教育が制度的に位置づけられ，義務教育段階において注意欠陥多動性障害（ADHD）や学習障害（LD）をもつ児童に

表 1-3　不登校の状態が前年度から継続している児童生徒数

不登校の状態が前年度から継続している児童生徒数	小 5	小 6	中 1	中 2	中 3
平成 30 年度不登校児童数	11,274	14,061	31,046	43,428	45,213
うち 29 年度から継続	4,817	6,842	9,588	24,044	31,335
割　合	42.7%	48.7%	30.9%	55.4%	69.3%

注）文部科学省（2019）資料より筆者作成

表 1-4　不登校児童生徒在籍学校数

不登校児童生徒の在籍学校数	学校総数	不登校児童生徒在籍学校数	割合
小学校	19,974	12,690	64%
中学校	10,405	9,302	89%

注）文部科学省（2019）資料より筆者作成

続してしまうことが考えられる．

不登校について学校単位に目を向けると，学校総数に対する不登校児童が在籍している学校数の割合は小学校で 64%，中学校で 89% となっており（表 1-4），中学校では非常に多くの学校に不登校児童が少なくとも 1 人は在籍している．

1.3.2　不登校要因

不登校となったきっかけは，小学校・中学校ともに家庭の状況による割合が最も高く（表 1-5・表 1-6），特に小学校においては半数近い．中学校については同理由が 4 分の 1 まで下がり，友人関係問題と学業不振による割合が増加している．

1.3.3　教育支援センター（適応指導教室）の役割

各教育委員会は教育支援センター（適応指導教室）を設置しており，不登校児童に対する支援を行っている．センターの目的として，不登校児童生徒の集団生活への適応，情緒の安定，基礎学力の補充，基本的生活習慣の改善

表1-5　小学生の不登校要因

小学校	回答数	割合
家庭の状況	24,901	46.3%
いじめを除く友人関係をめぐる問題	9,740	18.1%
学業の不振	6,795	12.6%
該当なし	6,165	11.5%
入学，転編入学，進級時の不適応	2,026	3.8%
教職員との関係をめぐる問題	2,009	3.7%
学校のきまり等をめぐる問題	1,145	2.1%
進路に係る不安	495	0.9%
いじめ	359	0.7%
クラブ活動，部活動等への不適応	102	0.2%

注）文部科学省（2019）資料より筆者作成

表1-6　中学生の不登校要因

中学校	回答数	割合
家庭に係る状況	37,040	25.7%
いじめを除く友人関係をめぐる問題	35,995	24.9%
学業の不振	28,687	19.9%
該当なし	16,041	11.1%
入学，転編入学，進級時の不適応	9,207	6.4%
進路に係る不安	6,395	4.4%
学校のきまり等をめぐる問題	4,043	2.8%
クラブ活動，部活動等への不適応	3,173	2.2%
教職員との関係をめぐる問題	3,028	2.1%
いじめ	678	0.5%

注）文部科学省（2019）資料より筆者作成

等のための相談，適応指導を行い，学校復帰を支援することによって，不登校児童生徒の社会的自立に資することを基本にすると掲げられている．

教育支援センターの実態について2017年度間の調査を行った文部科学省（2019）によれば，教育支援センターを設置している自治体は約63%となっ

図 1-6　教育支援センター数と指導員数推移

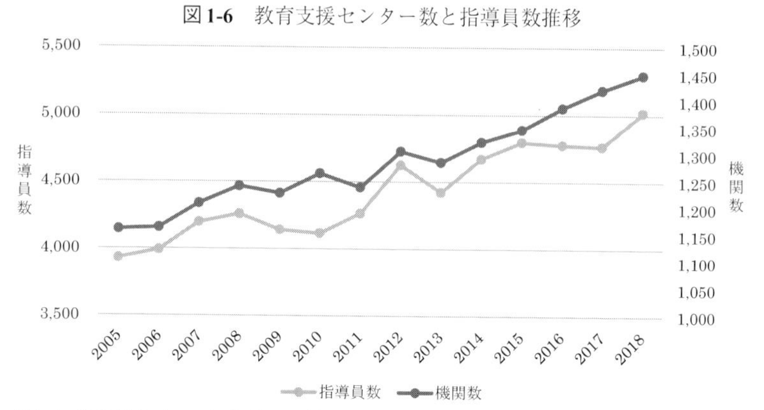

注）文部科学省（2019）資料より筆者作成

ており，設置していない理由として予算と場所の確保が困難であることが上位に挙げられている．設置者の約87%は市町村単位の教育委員会である．活動内容は学習支援，社会体験（職場体験等），自然体験（農業体験等），調理体験，芸術活動，スポーツなど多岐にわたっている．

不登校児童数増加とともに，教育支援センターは2015年度に機関数1,161，指導員数3,929人だったのに対し，2018年度には機関数1,449，指導員数5,017人と着実に増加している（図1-6）．

1.3.4　不登校児童の出席扱い

在籍している学校ではなく，学校外の機関等に通うことで，出席扱いとなった児童数は約2万3千人となっている（表1-7）．ただし，筆者が行った教育委員会や学校現場でのインタビューでは，学校外の機関に通うことで，それを出席として認めるかどうかは児童が在籍している学校長が判断するため，特にフリースクールなどでは出席として認められにくいという構造があることが判明している．

また，自宅におけるIT等を活用した学習活動を指導要録上出席扱いとした児童生徒数は2018年度間で286人となっており，小中学校合計の不登校人数が16万人を超えている中，非常に少ない（表1-8）．不登校児童に対す

表1-7　学校外機関等での相談・指導により出席扱いとした児童生徒数

学校外の機関等で相談・指導等を受け，指導要録上出席扱いとした児童生徒数	計
小学校	5,148
中学校	18,046
計	23,194

注）文部科学省（2019）資料より筆者作成

表1-8　自宅でのITを活用した学習を出席扱いとした児童生徒数

自宅におけるIT等を活用した学習活動を指導要録上出席扱いとした児童生徒数	計
小学校	88
中学校	198
計	286

注）文部科学省（2019）資料より筆者作成

る学校側からの学習支援がない以上，自学自習しなくてはならない．現代社会において自宅からテレビ通話によって授業に参加することや，授業動画等を見ることで学習を進めることは十分現実的であるし，高等学校や企業では当たり前のようにテレビ通話やオンライン学習が行われている．その点で，義務教育機関においても自宅学習を出席と認めることが一般的になれば，不登校の要因として挙げられている学習に関する不安を軽減することができるのではなかろうか．

さらに，不登校児童の学習機会の確保という観点だけでなく，少子高齢化により学校の統廃合が今後より一層進んでいく中で，過疎地域においては学校を維持すること自体が困難になってくる可能性もある．このような社会全体の観点からも，将来を担う人材育成のために，アメリカ・カナダ・英国・フランスを始めとする多くの先進諸国のように，義務教育の1種としてホームスクーリングを制度として認めて支援を行う等，従来の義務教育をより柔軟化すべきではないだろうか．アメリカにおいては，1980年代にはホームスクーリングが一般に認知されるようになり，ホームスクーリングで学んでいる児童数は200万人を超えているという．

1.3.5　フリースクールの不登校児童支援

義務教育期間であり，画一的な教育制度の小中学校においては，不登校児童にとって，日中に学校外での居場所を提供している民間のフリースクール等が果たす役割は大きい．文部科学省（2015）「小・中学校に通っていない義務教育段階の子供が通う民間の団体・施設に関する調査」によれば，主な民間の施設は全国に474件あり，同調査においては319件から回答を得られている．団体の形態はNPO法人が半数近く，週5日以上開所している施設は7割近くにのぼる．団体設立時期については90年以降が9割近くで，不登校児童増加の社会問題と足並みを揃えて施設は増加している．在籍児童数は小学生が約1,800人・中学生が約2,400人となっており，1施設あたりの児童数10人以下が6割近くを占めている．これらの施設に通うことで，在籍学校の出席扱いとされている割合は55％に過ぎず，フリースクール等の認知は広まってもあくまで学校外施設という位置付けが根強い．

フリースクールの代表例として，NPO法人東京シューレは不登校児童の居場所作りや，多様な学びのための情報発信・勉強会を行っており，不登校児童の親向けの会も開催している．東京シューレは学校法人として不登校児童のための小学校・中学校の運営もしており，2007年4月に葛飾区内に開校した東京シューレ葛飾中学校では，不登校を経験した児童を積極的に受け入れている．2020年4月には東京都江戸川区内に不登校の子どものための小学校（不登校特例校），東京シューレ江戸川小学校が開校するなどフリースクール発の動きが活発となってきている．

1.4　結論

本章では小学生・中学生合計で16万人を超え，中学生では27人に1人という高い割合となっている不登校に関して最新のデータを用いて解説をしてきた．不登校児童の学習支援や居場所という観点からは，学校外機関や民間のフリースクール等が大きな役割を果たしている．しかしながら，抜本的な問題としては現在の画一的な教育しか認めていない義務教育が社会の変化に対応していないのではないかと考えられる．義務教育において，インターネットを通じた学習やホームスクーリングを認めるだけでも，不平等な教育機会は大きく改善するのではなかろうか．

第2章

高等学校中途退学意思決定の理論と実証

2.1 はじめに

日本において高等学校教育は義務教育ではないが，文部科学省（2019）「令和元年度（速報）学校基本調査」によると，2019年3月に中学校を卒業した生徒の高等学校進学率は98.8%（男98.6%・女99.0%）と義務教育修了者のほぼ全てが高等学校に進学している．

2020年4月からは高等学校就学支援金制度が改正され，私立高等学校の学費を考慮した水準まで支給額が引き上げられる．このように，高等学校や大学以上の高等教育の無償化の議論や政策介入が盛んとなり，教育に対する投資への注目が集まっているが，税金投入対象者の中途退学要因を無視して議論を前に進めることはできない．

図2-1　高等学校の中途退学者数及び中途退学率の推移

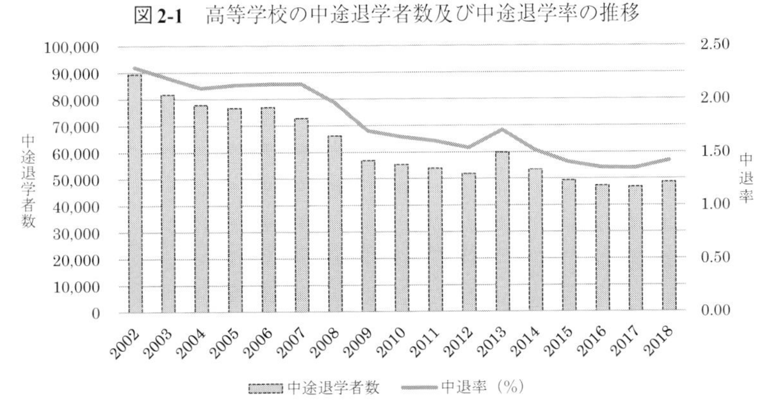

注）文部科学省（2019）「平成30年度児童生徒の問題行動・不登校等生徒指導上の諸問題に関する調査」より筆者作成

図 2-2 高等学校の学年別中途退学率の推移

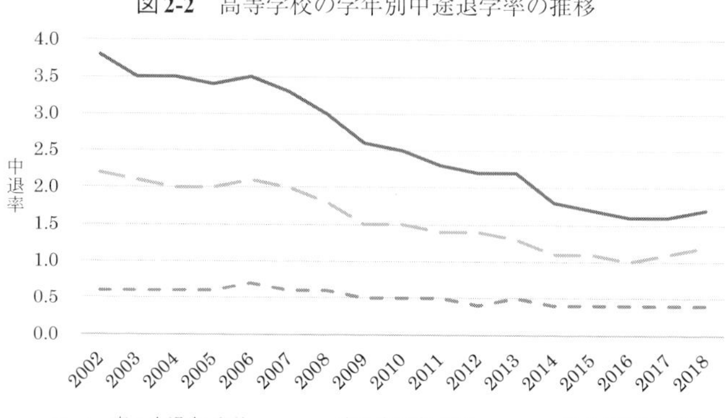

注）文部科学省（2019）「平成30年度児童生徒の問題行動・不登校等生徒指導上の諸問題に関する調査」より筆者作成

文部科学省（2019）「平成30年度児童生徒の問題行動・不登校等生徒指導上の諸問題に関する調査」によると，日本における直近20年の高校生の中途退学率は2%前後であり，最新の2018年度間の中途退学率は1.4%（中途退学者数約4万9千人）である（図2-1）．

また，文部科学省（2019）の同調査によると，高校3年間を学年別で見た場合，高校1年生が最も中途退学率が高いことが示されており，この傾向は長らく変わっていない．新しい環境での学習や生活へ移行する段階で，小学校と比較し不登校等が増加する中1ギャップと同様に，中学校と比較して出席や学力の重要性が増し，義務教育ではない以上留年や中途退学もあり得る高校においても，高校1年生で大きな壁に直面する可能性がある．

最新調査の2018年度間によると，学年別中途退学率は高校1年生1.7%（16,454人），高校2年生1.2%（11,196人），高校3年生0.4%（3,994人）である（図2-2・表2-1）．

本章の構成は次の通りである．**2.2**は高校生の中途退学の背景や関連する先行研究を挙げ，これまで明らかになっていることを整理する．**2.3**ではDustmann（1997）の移住者のライフサイクルモデルを応用し，高卒賃金と中卒賃金（最低賃金）に鑑みた高校生の中途退学行動の理論モデルを組み立てる．**2.4**では文部科学省が公表している47都道府県ごとの高等学校における

表2-1　高等学校の学年別中途退学者数及び中途退学率

全国	高校1年生		高校2年生		高校3年生	
年度	中退者（人）	中退率（%）	中退者（人）	中退率（%）	中退者（人）	中退率（%）
2002	47,422	3.8	27,277	2.2	7,915	0.6
2003	42,386	3.5	25,089	2.1	7,747	0.6
2004	40,753	3.5	22,753	2	7,165	0.6
2005	38,304	3.4	22,914	2	7,318	0.6
2006	37,986	3.5	22,220	2.1	7,166	0.7
2007	35,724	3.3	20,645	2	6,561	0.6
2008	32,241	3	18,125	1.8	5,869	0.6
2009	27,255	2.6	15,585	1.5	5,126	0.5
2010	26,323	2.5	14,825	1.5	4,958	0.5
2011	23,320	2.3	14,125	1.4	4,317	0.5
2012	22,323	2.2	13,247	1.4	4,289	0.4
2013	21,855	2.2	12,867	1.3	4,384	0.5
2014	18,591	1.8	11,232	1.1	3,783	0.4
2015	16,617	1.7	10,460	1.1	3,767	0.4
2016	15,830	1.6	10,247	1	3,619	0.4
2017	15,746	1.6	10,751	1.1	3,781	0.4
2018	16,454	1.7	11,196	1.2	3,994	0.4

注）文部科学省（2019）「平成30年度児童生徒の問題行動・不登校等生徒指導上の諸問題に関する調査」より筆者作成

中途退学率を含んだパネルデータを作成し，プールド分析を行う．その結果として，高卒賃金が上昇すると卒業のインセンティブが高まり，中途退学率は下がること，最低賃金が上昇するとすぐに働き始めるインセンティブが高まり，中途退学率が上がること，そして中学生不登校割合が高いと中途退学率も高くなること，が明らかとなった．また，実証分析結果は理論モデルとも整合的であった．最後に**2.5**で本書のまとめおよび政策的含意について述べる．

2.2　先行研究

高校生の中途退学に関する大規模な調査結果は，国立教育政策研究所（2017）が詳しい．この調査では，2011年度にとある公立高等学校に入学した全ての生徒（13,024人）に対して高校生活3年間にわたりアンケートをとることで，高等学校中途退学者と非中途退学者の意識の変容を比較分析し，高等学校中途退学防止に向けた研究を行っている．その結果として，高等学校3年間を通じて“まじめに授業を受けている”，“学校行事に熱心に参加している”生徒ほど中途退学しにくいと明らかになった．また，学年別の特徴をあげると，高校1年生で“授業がよくわかる”ことが中途退学の歯止めになると結論付けている．これは義務教育にあたる小学校・中学校と異なり，高等学校では授業に出席するだけではなく，定期試験で一定以上の点数を取らなければ進級できない上，学習内容も複雑になることが影響していると考えられる．

高等学校中途退学理由に関しては，文部科学省（2019）で調査されている．公立高等学校では，学業不振（9.0%），学校生活・学業不適応（36.3%），進路変更（33.7%），病気けが死亡（3.3%），経済的理由（1.1%），家庭の事情（4.1%），問題行動等（3.0%），その他（9.6%）となっている．これに対し，私立高等学校では，学業不振（6.1%），学校生活・学業不適応（31.3%），進路変更（37.6%），病気けが死亡（5.7%），経済的理由（3.4%），家庭の事情（4.4%），問題行動等（4.9%），その他（6.6%）である．公立と私立の高等学校間での中途退学理由の特徴的な差として，私立高等学校の生徒では経済的理由による中途退学が公立高等学校の生徒の約3倍である一方で，学業不振や学校生活・学業不適応による中途退学は少ないことから，私立高等学校においては，学費の高さが中途退学の主要因となっていることが示唆される．高等学校の学費と中途退学の関係に関しては，Akabayashi and Araki（2011）で日本における私立高等学校への授業料補助という政策によって，私立の専門学科等に在籍する高校生の中途退学率を引き下げる効果があったことを検証している．

これまで示した通り，文部科学省調査では高等学校生活に関する事柄に着目しているが，本研究では都道府県ごとの地域経済側面にも注目する．まず考えられる地域経済環境として賃金があるが，北條（2017）では地域別最低賃金が上昇した都道府県において，高等学校新卒者の専修学校専門課程進学率が低下し，就職率が上昇したことを明らかにしており，高校生の卒業後進路の意思決定に最低賃金が深く関わっていることが認められる．

高校生の中途退学を学科特性という側面で計量分析した研究としては，荒木（2011）がある．ここでは，総合学科設置によるコンプリヘンシブ・カリキュラムの運営が生徒の中途退学行動に及ぼした影響について，1988年から2006年における東北・北陸地方の8県の学校・学科・学年レベルのパネルデータを用い，公立高等学校においては総合学科制度が生徒の中途退学行動を抑制する効果を確認している．

海外の研究に目を向けると，Cabus and Witte（2013）ではオランダの学生5,000人のデータを用いて，two-period discrete time modelで中退率予測や中退防止政策費用について分析を行っている．結果として，中途退学リスク要因に対して外発的動機が内発的動機よりも影響力が大きいことや，経済成長をしている時には学歴の重要性が増し，中途退学が減ること，および政府が介入する中途退学対策は費用対効果に留意しなければならないと述べている．

2.3　理論モデル

本書では，Dustmann（1997）[1]による出稼ぎ労働のために移住を考えている者が帰国時期と貯蓄額を同時決定するというライフサイクルモデルを，高卒賃金・中卒賃金に鑑みた高校生の中途退学行動に応用する．

理論モデルの条件設定

高校生活全体をT=1とし，高校生はt期間を退学後の環境で過ごし，(1 − t) 期間を今の高校で過ごす．効用関数は高校在学中と退学後で加算的

[1] Dustmann（1997）の詳細は本章末尾．

に分けられるとし，time preference と利子率は0とする．

変数およびパラメーターの解説

M^{grad}：高卒賃金

M^{drop}：中卒賃金

$\eta(t) = M^{drop}ht$：中途退学することによる機会費用（高卒と比べた所得損失）

hはパラメーター

$p(t) = M^{drop}\alpha(1-t)$：高等学校に在学し続けることによる精神的苦痛（コスト）

αはパラメーター

$u^d(c^d) = G\sqrt{c^d}$：高等学校中途退学後の生活での消費 c^d から得る効用

GはPreferenceパラメーター

$u^s(c^s) = F\sqrt{c^s}$：高等学校在学中の消費 c^s から得る効用

FはPreferenceパラメーター

理論における仮定

PreferenceパラメーターをF＝1として基準化する．

$$u^d(q) = G\sqrt{q} \quad u^s(q) = \sqrt{q}$$

とすると，中途退学後に高等学校在学中と同じ消費量qから得る効用の大きさの差の比をGは示しており，将来の所得損失という機会費用がかかる以上G＞1でなければ中途退学して中卒賃金で労働するという手段はとらないと考えらえる．

効用関数と最大化

高校生のutility

$$V(c^{drop}, c^{stay};t) = tu^{drop}(c^{drop}) + (1-t)u^{stay}(c^{stay})$$

予算制約

$$tc^{drop}+(1-t)\,c^{stay}+p(t)=M^{grad}-\eta(t)$$

より，効用最大化することで以下が求まる．(i (観測単位)，k (年度))

$$t_{i,k}=\frac{\dfrac{M_{i,k}^{grad}}{M_{i,k}^{drop}}-\alpha_i}{2\left(h_{i,k}-\alpha_i\right)}-\frac{1}{2\left(G_i^2-1\right)}$$

さらに上式を整理することで線形回帰

$$y_{i,k}=am_{i,k}-a\bar{m}+\bar{y}$$

$$m_{i,k}=\frac{M_{i,k}^{grad}}{M_{i,k}^{drop}}-1$$

$$y_{i,k}=2t_{i,k}-1$$

を得て，aがデータから求まり，逆に解いていくことでαとGも求まる．

2.4　実証分析

47都道府県別パネルデータを使用した分析において，地域経済環境や学校環境に関する説明変数を用いる．分析手法については自由度制約から都道府県を8地域（北海道地方・東北地方・関東地方・中部地方・関西地方・中国地方・四国地方・九州沖縄地方）に分けた地域ダミーと年ダミーを入れたプールド分析を行う．

理論モデルにおいては中学校卒業者の賃金を想定したが，近年の日本においては高等学校進学率がほぼ100％であり，中学校卒業後に就労をする人数が非常に少ないこと，および高等学校中途退学者の最初の就業形態として，アルバイト・フリーター等の短時間勤務形態が考えられるため，実証分析においては都道府県ごとの最低賃金で代用をした．埼玉県教育委員（2016）「平成27年度高等学校中途退学追跡調査報告書」によれば，高等学校中途退学者の翌年の状況として，アルバイト・フリーターと回答した割合が34.9％と最も高い．同様に，東京都教育委員会（2013）「平成25年度都立高校中途退学者等追跡調査」においても高等学校中途退学者の翌年の状況として，フリーター層（非正規就労）が41.6%と最も高いことが報告されている．

2.4.1　都道府県別パネルデータを用いた実証分析

本分析で使用する変数に関し，グラフ等で概観していく．高校生の中途退学率に関し，都道府県ごとの最大値と最小値の差が1–1.5%程度あることが図2-3からわかる．また，図2-4では高等学校卒業者（新卒）の賃金と最低賃金の年収換算での推移を表している．両賃金ともに増加傾向にあるが，高卒賃金と最低賃金の差は縮まりつつある．これは高卒賃金の伸びに比べて最低賃金の伸び率のほうが大きいことを示しており，世論や政策の影響で最低賃金引上げの声が大きい中，対照的に高卒労働市場の厳しさが垣間見える．

本分析では，2004年から2018年までの15年間分のデータセットを作成し，都道府県ごとの高等学校中途退学率を被説明変数に，高等学校卒業者の賃金と最低賃金や2007年から実施が始まった中学校3年生が対象の全国学力テスト結果を説明変数に用いて，高校生の中途退学意思決定の分析を行った．

都道府県別パネルデータの基本統計量（表2-2）により，2004年から2018年間の高等学校中途退学率は1.7%であること，時給換算した高卒初任給は

図2-3　都道府県別の中途退学率　箱ひげ図

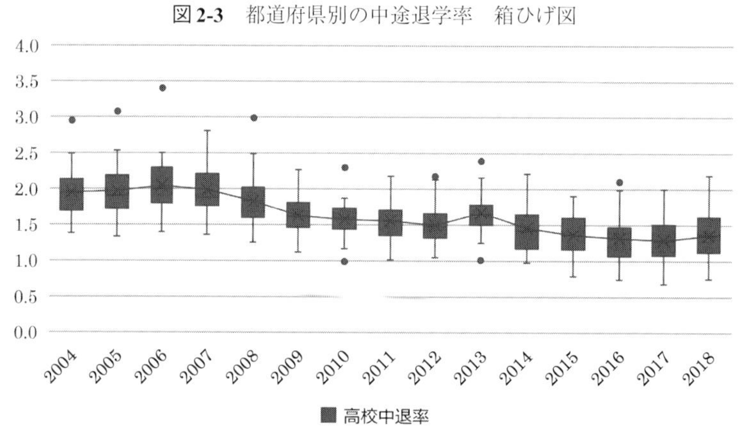

注）文部科学省（2019）「平成30年度児童生徒の問題行動・不登校等生徒指導上の諸問題に関する調査」より筆者作成

図 2-4　高卒賃金と最低賃金推移（年収換算）

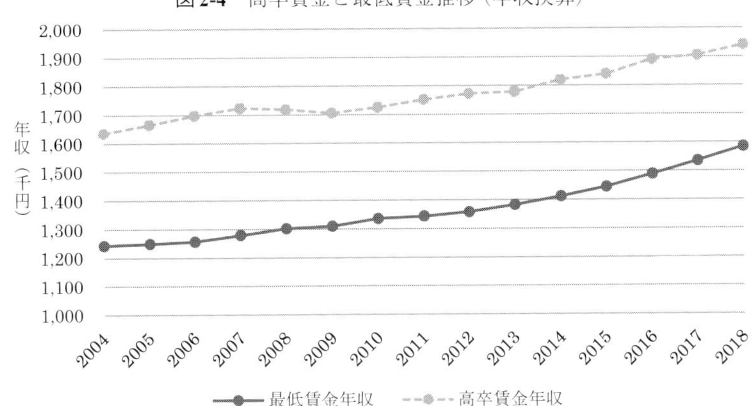

注）厚生労働省（2019）「賃金構造基本統計調査」より筆者作成

表 2-2　都道府県別パネルデータの基本統計量

変数名	観測数	平均	標準偏差	最小	最大
高校中途退学率（男女計）	705	0.016	0.004	0.007	0.034
高卒初任給（月給・千円・男女計）	705	153.7	9.1	123.6	178.5
高卒初任給（月給・千円・男性）	705	156.6	8.6	122.4	181.5
高卒初任給（月給・千円・女性）	705	149.8	9.8	121.7	177.7
最低賃金（時給・円）	705	703.9	70	606	985
高卒初任給（時給）÷ 最低賃金（時給）[2]	705	1.37	0.08	1.11	1.55
中学生不登校割合[3]	705	0.028	0.004	0.018	0.049
大学等進学率	705	0.50	0.07	0.31	0.67
中3全国学力テスト平均正答率[4]	564	64.1	3.8	51.7	77.5

注）データソースは次の通りである．中学生不登校割合，高校中途退学率（文部科学省「児童生徒の問題行動・不登校等生徒指導上の諸問題に関する調査」）：高卒初任給，最低賃金（厚生労働省「賃金構造基本統計調査」）

[2] 高卒初任給（時給）＝高卒初任給（月給）÷（20日×8時間）

[3] 中学生不登校割合＝中学生不登校人数÷中学全体人数

[4] 2007年度より実施．

最低賃金の1.4倍であることなどがみてとれる．

実証分析：モデル・予測・分析結果

【モデル】

$$
\begin{aligned}
\text{高等学校中途退学率}_{k,t} &= \alpha + \beta \frac{\text{高卒初任給（時給）}}{\text{最低賃金（時給）}_{k,t}} \\
&\quad + \delta\,\text{中学生不登校割合}_{k,t-1} + \phi\,\text{大学等進学率}_{k,t} \\
&\quad + \phi\,\text{中3全国学力テスト平均正答率}_{k,t-1} + \nu_t + \mu_d + \varepsilon_{k,t}
\end{aligned}
$$

【変数解説】

高等学校中途退学率$_{k,t}$: k県t年度の高校生の中途退学率

高卒初任給（時給）÷最低賃金（時給）$_{k,t}$: k県t年度の賃金オッズ

中学生不登校割合$_{k,t-1}$: k県t－1年度の中学生の不登校割合

大学等進学率$_{k,t}$：k県t年度の大学等進学率

中3全国学力テスト平均正答率$_{k,t-1}$：k県t－1年度の中3全国学力テストの平均正答率

ν_t: 年度固有の観測できない効果

μ_d: 地域固有の観測できない効果

$\varepsilon_{k,t}$: 誤差項

【影響予測】

(a) 高卒初任給（時給）÷最低賃金（時給）$_{k,t}$: 係数β

最低賃金と比較して地域の高卒賃金が上昇すれば，中途退学をするよりも，高等学校卒業のインセンティブが高まると考えられる．一方で，高卒初任給上昇を通じて求人が減った結果就職が困難となり，中途退学をしてしまう可能性も考えられる．

(b) 中学生不登校割合$_{k,t-1}$: 係数δ

この変数は当該都道府県の生徒の平均的な学校への適応力を示していると考えられ，中学生不登校割合が高いと，高等学校に入ったものの高校生活に

適応できずに中途退学する可能性がある．他方，不登校経験生徒が昨今増えているオルタナティブな高等学校に進学し，そこで学生生活を問題なく送っているのならば中途退学率を下げている可能性も考えられる．

(c) 大学等進学率$_{k,t}$: 係数φ

地域の大学進学の指標であり，大学進学率が高ければピア効果により勉学に励み，高等学校卒業のインセンティブを高めると考えられる．しかし，高等学校を中途退学するかどうかの意思決定を行う者にとって，大学等進学まで考慮しているかは特定困難である．

(d) 中3全国学力テスト平均正答率$_{k,t-1}$: 係数φ

中学3年生時の全国学力テスト平均正答率は当該都道府県ごとの高等学校入学前の平均的な学力を示しており，学校指導要領はすべての高等学校で一定水準が保証されているため，正答率の低い都道府県では授業についていけずに中途退学する可能性がある．

【分析結果および解釈】

最低賃金と比較して高等学校卒業者の初任給が高いと高等学校中途退学率への影響が負，つまり高等学校卒業のインセンティブが大きくなり，中途退学率下落に寄与していると考えられる．また，高卒初任給を男女平均（表2-3)，男性平均（表2-4)，女性平均（表2-5）で分けて行った分析も，すべてのパターンで最低賃金に対する高卒初任給の高さが高等学校中途退学率下落に寄与するという共通の傾向であった．このことから，地域の高卒賃金と最低賃金それぞれが高校生の中途退学意思決定に影響を及ぼしていることがわかる．

中学生不登校割合の係数が正に有意であることは中学校時に不登校だった生徒が高等学校に進学したものの，中途退学するという構図を示している可能性がある．文部科学省（2007）による「不登校に関する実態調査～平成18年度不登校生徒に関する追跡調査報告書～」によると中学3年時に不登校を経験しており，中学校卒業後高等学校に進学した生徒（85.1％）の中途退学

表 2-3　都道府県別パネルデータ（2004-2018）プールド分析結果（男女平均）

分析手法：OLS	(1) 男女平均	(2) 男女平均	(3) 男女平均	(4) 男女平均
高卒賃金（男女平均）/最低賃金	**－0.00776**	**－0.00766**	**－0.00758**	**－0.00455**
	[0.00] ***	[0.00] ***	[0.00] ***	[0.00] *
中学生不登校割合		**0.304**	**0.304**	**0.27**
		[0.03] ***	[0.03] ***	[0.03] ***
大学等進学率			0.00039	0.000549
			[0.00]	[0.00]
中3全国学力テスト平均正答率				**－0.000193**
				[0.00] ***
年ダミー	YES	YES	YES	YES
地域ダミー	YES	YES	YES	YES
標本数（N）	705	658	658	517
R2	0.577	0.637	0.637	0.55

* p＜0.1, ** p＜0.05, *** p＜0.01
[　　] 内は標準誤差

表 2-4　都道府県パネルデータ（2004-2018）プールド分析結果（男性のみ）

分析手法：OLS	(1) 男性平均	(2) 男性平均	(3) 男性平均	(4) 男性平均
高卒賃金（男性）/最低賃金	**－0.0069**	**－0.00602**	**－0.00591**	－0.00337
	[0.00] ***	[0.00] ***	[0.00] ***	[0.00]
中学生不登校割合		**0.301**	**0.3**	**0.266**
		[0.03] ***	[0.03] ***	[0.03] ***
大学等進学率			0.000565	0.000716
			[0.00]	[0.00]
中3全国学力テスト平均正答率				**－0.000196**
				[0.00] ***
年ダミー	YES	YES	YES	YES
地域ダミー	YES	YES	YES	YES
標本数（N）	705	658	658	517
R2	0.576	0.635	0.635	0.549

* p＜0.1, ** p＜0.05, *** p＜0.01
[　　] 内は標準誤差

表2-5　都道府県パネルデータ（2004–2018）プールド分析結果（女性のみ）

分析手法：OLS	(1) 女性平均	(2) 女性平均	(3) 女性平均	(4) 女性平均
高卒賃金（女性）/最低賃金	**－0.00576**	**－0.00727**	**－0.00715**	**－0.00446**
	[0.00] ***	[0.00] ***	[0.00] ***	[0.00] *
中学生不登校割合		**0.312**	**0.311**	**0.273**
		[0.03] ***	[0.03] ***	[0.03] ***
大学等進学率			0.000788	0.000959
			[0.00]	[0.00]
中3全国学力テスト平均正答率				**－0.000199**
				[0.00] ***
年ダミー	YES	YES	YES	YES
地域ダミー	YES	YES	YES	YES
標本数（N）	705	658	658	517
R2	0.574	0.637	0.637	0.55

* p＜0.1, ** p＜0.05, *** p＜0.01
[　　]内は標準誤差

率は14.0%と非常に高いことが明らかになっており，個人を追跡した調査とも整合的な結果と言える．

中学3年時の全国学力テストの係数は負に有意であり，平均学力が高い都道府県では高等学校中途退学率が低いことが示されている．これは高等学校卒業のための高等学校指導要領は全国一律であり，中学3年時に平均的に学力が低い県では高等学校卒業に必要な学力を身に付けるのに困難が伴うためと考えられる．

大学等進学率は高等学校中途退学率に影響を与えていない．このことから，高等学校中途退学を選択する場合，大学等への進学環境よりも就職を主眼に置かれることが示唆される．

2.4.2　都道府県別パネルデータを用いた理論モデルのパラメーター推定

理論パートで考察したパラメーターについて，理論モデルをもとに実証を行った（表2-6）.

高等学校在学の精神的コストは，男子生徒の方が女子生徒と比較して大きいことが明らかとなった．また，Preferenceパラメーターは男女で大きな差はないが，仮定通り，G＞1となった（表2-7）．このことから高校生が精神的苦痛を伴い，短期的には中途退学後により高い効用を得られることと，高卒賃金や最低賃金に鑑みて在学を続けるか中途退学するかの選択を行っていることが，実証分析から求められたパラメーターより示唆される.

最後に本研究の限界について述べる．文部科学省が公開している高等学校中途退学者に関する統計では，学年別の中途退学者のデータが公開されていないため，学年ごとの中途退学の異なるインセンティブを考慮した分析は困難である．理想としては学校単位のデータでの分析であり，今後の課題としたい．教育委員会主導で行っている中途退学防止の取り組みとしては，大阪府教育委員会（2015）が平成19年度に設置した「府立高等学校中退問題検討

表2-6　理論モデルのパラメーター推定のための分析

分析手法：OLS	男女	男性のみ	女性のみ
m_{ik}	**− 0.00909**	− 0.00675	**− 0.00892**
	[0.00] *	[0.00]	[0.00] *
中学生不登校割合	**0.539**	**0.533**	**0.547**
	[0.06] ***	[0.06] ***	[0.07] ***
大学等進学率	0.0011	0.00143	0.00192
	[0.00]	[0.01]	[0.00]
中3全国学力テスト平均正答率	**− 0.000385**	**− 0.000393**	**− 0.000399**
	[0.00] ***	[0.00] ***	[0.00] ***
年ダミー	YES	YES	YES
地域ダミー	YES	YES	YES
標本数（N）	517	517	517
R2	0.55	0.549	0.55

* $p<0.1$, ** $p<0.05$, *** $p<0.01$
[　　] 内は標準誤差

表2-7　実証分析から求められた理論モデルにおけるパラメーター

	α (精神的コストパラメータ)	G (Preference パラメーター)
男女	10.86	1.465
男	12.57	1.460
女	10.92	1.468

会議」において，中途退学防止のために「中高連携」，「人間関係づくり」，「基礎学力の向上」の3つを重点的取組として定めている．それらを踏まえて，各校が中高ギャップ縮小のための取り組みや，スクールソーシャルワーカーの配置などの中途退学防止施策を行った結果，一定の効果がみられたと報告している．

2.5　結論

本論文は，高校生の中退退学意思決定のメカニズムに関して，2004年から2018年における47都道府県別パネルデータを用いてプールド分析を行い，以下の2点を明らかにした．

1. 最低賃金に対して高卒賃金が上昇すると，中途退学率が低くなる．
2. 中学生不登校割合が高くなると，中途退学率が高くなる．

このことから，中途退学を考える高校生は学校不適応による問題だけではなく，地域経済環境を考慮して中途退学意思決定を行っていることが明らかとなった．

本書は個人レベルのパネルデータを用いた分析ではないため，個人特性のコントロールに限界がある．しかし，わが国で社会問題となっている不登校が発生しやすい中1ギャップと同様，中途退学が最も発生しやすい高1ギャップが起こらないよう，中学校3年生の時点で偏差値だけを指標にせず自分の性格に合った高等学校を選ぶような生徒指導を行うこと，および賃金政策においては，高校生の勉学意欲を高めるために，最低賃金の引き上げばかりに気をとられず，高卒賃金とのギャップも念頭におくべきこと，が政策的含意として挙げられる．

付録A　本文「2.3　理論モデル」の詳細説明

理論モデルの計算は以下の通りである．

【高校生の utility】

$$V(c^{drop}, c^{stay};t) = tu^{drop}(c^{drop}) + (1-t)u^{stay}(c^{stay})$$

【予算制約】

$$tc^{drop} + (1-t)c^{stay} + p(t) = M^{grad} - \eta(t)$$

予算制約式を変形し，高校生の utility に代入する．

$$c^{stay} = \frac{1}{1-t}\left\{M^{grad} - \eta(t) - p(t) - tc^{drop}\right\}$$

$$V(c^{drop};t) = tu^{drop}(c^{drop}) + (1-t)u^{stay}\left(\frac{1}{1-t}\left\{M^{grad} - \eta(t) - p(t) - tc^{drop}\right\}\right)$$

c^{drop}, t について1階の微分をする．

$$V_t = u^d(c^d) - u^s(c^s) + (1-t)u^s(c^s)\left(\frac{dc^s}{dt}\right) = 0$$

$$\frac{dc^s}{dt} = \frac{-\eta'(t) - p'(t) - c^d + c^s}{1-t}$$

$$V_c^d = u'^d(c^d) - u'^s(c^s) = 0$$

2式を整理すると

$$u^s(c^s) - u^d(c^d) = (1-t)u'^s(c^s)\left(\frac{dc^s}{dt}\right)$$

$$u'^d(c^d) = u'^s(c^s)$$

$u^d(c^d) = G\sqrt{c^d}$, $u^s(c^s) = \sqrt{c^s}$, $G>1$ として計算を行う．

$$c^s = \frac{\eta'(t) + p'(t)}{G^2 - 1}$$

$$c^{d}=\frac{G^{2}}{G^{2}-1}\left(\eta'(t)+p'(t)\right)$$

ここで$\eta(t)=M^{drop}ht,\ p(t)=M^{drop}\alpha(1-t)$を代入すると，予算制約は次のように書き直すことができ，tが求まる．

$$tc^{drop}+(1-t)c^{stay}+M^{drop}\alpha(1-t)=M^{grad}-M^{drop}ht$$

$$c^{s}=\frac{h-\alpha}{G^{2}-1}M^{drop}$$

$$c^{d}=\frac{G^{2}}{G^{2}-1}\left(h-\alpha\right)M^{drop}$$

$$t=\frac{1}{2\left(h-\alpha\right)}*\left(\frac{M^{grad}}{M^{drop}}-\frac{h-\alpha}{G^{2}-1}-\alpha\right)=\frac{\frac{M^{grad}}{M^{drop}}-\alpha}{2\left(h-\alpha\right)}-\frac{1}{2\left(G^{2}-1\right)}$$

Vはtについて増加な1次関数である．

$$\begin{aligned}V&=tG\sqrt{c^{d}}+(1-t)\sqrt{c^{s}}\\&=t\left(G\sqrt{c^{d}}-\sqrt{c^{s}}\right)+\sqrt{c^{s}},\ G\sqrt{c^{d}}-\sqrt{c^{s}}>0\end{aligned}$$

以下，添え字i（観測単位）とk（年度）をつけて考える．

$$t_{i,k}=\frac{\frac{M_{i,k}^{grad}}{M_{i,k}^{drop}}-\alpha_{i}}{2\left(h_{i,k}-\alpha_{i}\right)}-\frac{1}{2\left(G_{i}^{2}-1\right)}$$

【経済学的解釈】

高校生は，高卒賃金での年収と高等学校中途退学後の最低賃金での年収に鑑みて，中途退学するかどうか決める．

まず，hを求める．$\eta(t)=M^{drop}ht$: 中途退学することによる機会費用（高卒と比べた将来の所得損失）であるからhは中途退学による最大機会費用と解釈できる．

t = 1の時，最大機会費用がかかる．

$$M^{grad} - \eta(1) = M^{grad} - M^{drop} h$$

= (高卒賃金 − 最大機会費用：h) = 高等学校中途退学後の最低賃金 = M^{drop}

つまり，$h = \frac{M^{grad}}{M^{drop}} - 1$の関係が成立する．すなわち，

$$t_{i,k} = \frac{\frac{M_{i,k}^{grad}}{M_{i,k}^{drop}} - \alpha_i}{2\left(h_{i,k} - \alpha_i\right)} - \frac{1}{2\left(G_i^2 - 1\right)} = \frac{\frac{M_{i,k}^{grad}}{M_{i,k}^{drop}} - \alpha_i}{2\left(\frac{M_{i,k}^{grad}}{M_{i,k}^{drop}} - 1 - \alpha_i\right)} - \frac{1}{2\left(G_i^2 - 1\right)}$$

$m_{i,k} = \frac{M_{i,k}^{grad}}{M_{i,k}^{drop}} - 1$とおき，整理すると，$t_{i,k}$は次のように書ける．

$$t_{i,k} = \frac{1}{2\left(m_{i,k} - \alpha_i\right)} - \frac{1}{2\left(G_i^2 - 1\right)} + \frac{1}{2}$$

つまり，理論的には中途退学が賃金・個人の資質・地域経済環境から決まることが示される．

【高等学校在学の精神的コストα_iについて】

$$p(t_{i,k}) = M_{i,k}^{drop} \alpha_i (1 - t_{i,k})$$

$$m_{i,k} = \frac{M_{i,k}^{grad}}{M_{i,k}^{drop}} - 1$$

$m_{i,k}$のとる範囲はたかだか$-1 < m_{i,k} < 1$と考えられる．高等学校を中途退学する生徒が高等学校に追加的に1年間在学するのは，最低賃金での年収よりも遥かに大きい精神的コストがかかっていると考え，$\alpha_i > m_{i,k}$と仮定する．

【比較静学】

$$\frac{dt_{i,k}}{d\alpha_i} = \frac{1}{2\left(m_{i,k} - \alpha_i\right)^2} > 0$$

高等学校在学の精神的コストが上昇すると中途退学率が増加するという合理的な結果.

$$\frac{dt_{i,k}}{dm_{i,k}} = -\frac{1}{2\left(m_{i,k} - \alpha_i\right)^2} < 0$$

最低賃金に対する高卒賃金の比が大きくなると中退率が減少するという合理的な結果.

$$\frac{dt_{i,k}}{dG_i} = \frac{G_i}{\left(G_i^2 - 1\right)^2} > 0,$$

ただし $G_i > 1$

中途退学の地域差の主要部分は高卒賃金と最低賃金の比によるものとして議論を進めるため，α_i と G_i をそれぞれ定数とみなす.

$$\alpha_i = \alpha,\ G_i = G$$

つまり，$t_{i,k}$ は次のようになる.

$$t_{i,k} = \frac{1}{2\left(m_{i,k} - \alpha\right)} - \frac{1}{2\left(G^2 - 1\right)} + \frac{1}{2}$$

ここで，簡単化のため，変数の置き換えを行い，上式を整理する.

$$\beta = \frac{1}{G^2 - 1}$$

$$y_{i,k} = 2t_{i,k} - 1$$

$$(y_{i,k} + \beta)(m_{i,k} - \alpha) = 1$$

ここで $y_{i,k}, m_{i,k}$ それぞれ i,k についての平均を $\bar{y}, \bar{m}$ とおいて β について解くと

$$\beta = -\bar{y} + \frac{1}{\bar{m} - \alpha}$$

これを上式に代入して整理すると以下のようになる.

$$y_{i,k} - \bar{y} = \frac{1}{m_{i,k} - \alpha} - \frac{1}{\bar{m} - \alpha} = -\frac{m_{i,k} - \bar{m}}{(\bar{m} - \alpha)^2 + (m_{i,k} - \bar{m})(\bar{m} - \alpha)}$$

ここで，$(m_{i,k} - \bar{m})$ が十分小さいとして，$y_{i,k} - \bar{y}$ を以下のようにみなす．

$$y_{i,k} - \bar{y} = -\frac{m_{i,k} - \bar{m}}{(\bar{m} - \alpha)^2}$$

さらに

$$a = -\frac{1}{(\bar{m} - \alpha)^2}$$

とおけば線形回帰

$$y_{i,k} = a m_{i,k} - a\bar{m} + \bar{y}$$

を得て，a がデータから求まり，逆に解いていくことで α と G も求まる．

$$\frac{dy_{i,k}}{dm_{i,k}} = a = -\frac{1}{(\bar{m} - \alpha)^2} < 0$$

第3章

高等学校卒業程度認定試験の概要および受験者の分析

3.1 はじめに

高等学校卒業程度認定試験[5]は，文部科学省により実施される「高等学校卒業者と同等以上の学力があるかどうか」を認定するための試験である．そのため，この試験に合格をしても一般の高等学校を卒業したことにはならず，最終学歴が高等学校卒業になるわけではない．しかしながら，この試験に合格することで大学や専門学校等の高等教育機関への受験資格だけではなく，公務員試験等の受験資格も得ることができる．

この資格は，高等学校に経済的事情で入学ができなかった者や，中途退学等で卒業ができなかった者の学習成果を評価し，高等学校卒業者と同等以上の学力があることを認定するため，1951年に大学入学資格検定が導入されたことが始まりである．2005年に現在の高等学校卒業程度認定試験に名称が変更された．

高等学校卒業者や旧大学入学資格検定（現：高卒認定試験）合格者を除き，満16歳以上の者ならば高卒認定試験を受験することができる．また，2005年度以降は全日制高等学校在籍者も受験が可能になったことで，受験資格の門戸が大幅に広がった．

文部科学省（2013）「高等学校卒業程度認定試験合格者の進路状況に関する調査の結果」によれば，2011年度の高卒認定試験合格者を対象に合格後の進路状況を調査したところ，45%が大学・短大・専門学校へ入学し，来年の大学等の受験準備が23%．就職が9%であることが報告されている．このことから，受験者の多くが高等教育機関進学のための必要資格として，高卒認定

[5] 以後，本書では高等学校卒業程度認定試験は高卒認定試験と呼ぶ．

表3-1　2019年度高等学校卒業程度認定試験の教科・試験科目

教　科	試験科目
国　　語	国語
地理歴史	世界史A・世界史B 日本史A・日本史B 地理A・地理B
公　　民	現代社会・倫理・政治経済
数　　学	数学
理　　科	科学と人間生活・物理基礎・化学基礎・生物基礎・地学基礎
外 国 語	英語

注）文部科学省（2019）「高等学校卒業程度認定試験について」より筆者作成

表3-2　高等学校卒業程度認定試験出願者・受験者・合格者

	出願者	受験者	1つ以上の科目に合格した者	高卒認定試験合格者
令和元年度第1回	11,860	10,479	9,603	4,581
平成30年度第1回	12,422	10,815	9,779	4,526
平成30年度第2回	11,729	10,405	9,227	4,698

注）文部科学省（2019）「令和元年度第1回高等学校卒業程度認定試験実施結果について」より筆者作成

試験を受けていることが見て取れるが，高卒が条件となっている就職のためにこの資格を利用しようと考えている者も一定数いる．

2019年度高等学校卒業程度認定試験（表3-1）は6教科17科目が設定されている．一度に全科目を合格する必要はないため，自分の学習ペースに合わせて受験が可能となっている．また，高等学校を中途退学しているものの，修得単位がある科目については高卒認定試験受験科目から免除される．

文部科学省が2019年9月25日に公表した，2019年度第1回高等学校卒業程度認定試験の結果[6]は以下の通りである．1回当たりの受験者数は約1万人で，2018年度は計2万1千人が受験をしている．1つ以上の科目に合格した者は9割で，高卒認定試験合格者は4割程度となっている（表3-2）．また，高卒認定試験合格者の最終学歴は高等学校中途退学者が最も多く（表3-3），年齢別では

[6] 高等学校卒業程度認定試験は年2回行われる．

表3-3　高等学校卒業程度認定試験合格者の最終学歴別人数

	中学校卒業	高校中退	全日制高校在学	定時制・通信制高校在学	高専中退	その他	計
令和元年度第1回	443	2,781	582	398	113	264	4,581
平成30年度第1回	436	2,760	573	412	112	233	4,526
平成30年度第2回	459	2,353	1,138	427	66	255	4,698

注）文部科学省（2019）「令和元年度第1回高等学校卒業程度認定試験実施結果について」より筆者作成

表3-4　2019年度第1回高等学校卒業程度認定試験合格者の年齢別人数

年齢	人数
16-18歳	2,175
19-20歳	982
21-25歳	440
26-30歳	306
31-40歳	455
41-50歳	178
51-60歳	35
61歳以上	10
計	4,581
平均	22.4歳

注）文部科学省（2019）「令和元年度第1回高等学校卒業程度認定試験実施結果について」より筆者作成

16-18歳という通常の高校生にあたる年齢の者が最も多くなっている（表3-4）.

3.2　先行研究

文部科学省（2019）によって2005年度から開始された高卒認定試験の受験者数と合格者数推移は，以下のようになっている（図3-1）．受験者数は2万人から3万人の間で推移しており，合格者数は1万人程度で合格率は40%-50%である．出題形式はマークシートとなっており，各科目の合格点につい

図3-1　高卒認定試験の受験者数・合格者数

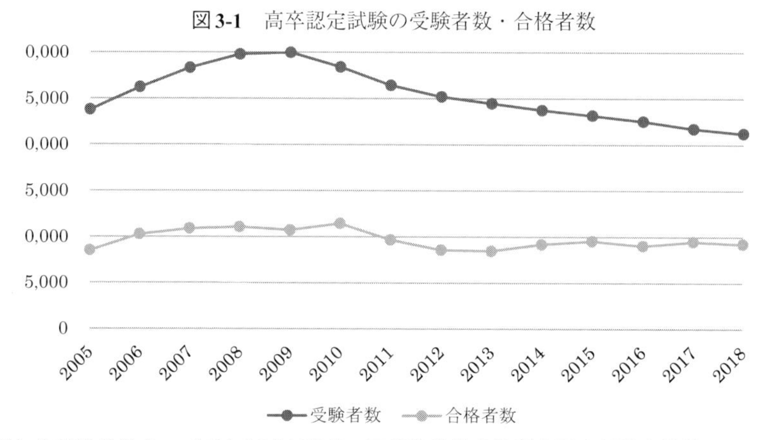

注）文部科学省（2019）「令和元年度第1回高等学校卒業程度認定試験実施結果について」より筆者作成

図3-2　高卒認定試験合格者の平均年齢推移

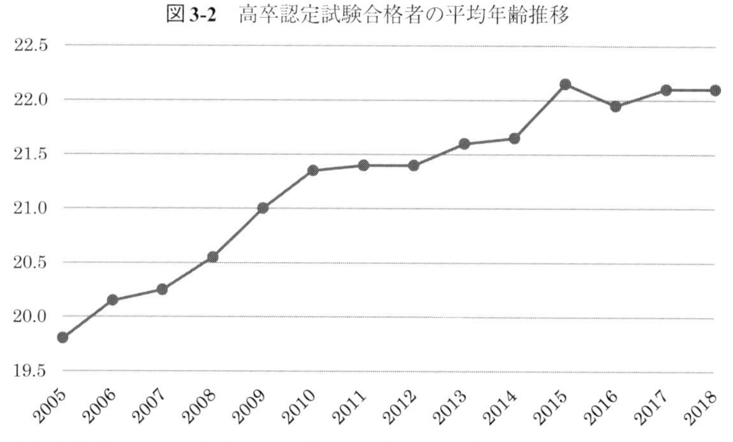

注）文部科学省（2019）「令和元年度第1回高等学校卒業程度認定試験実施結果について」より筆者作成

ては文部科学省から正式には公表されていないものの，各科目100点満点中40点程度と，予備校等の調査や受験生の自己採点の結果で明らかになっている．高卒認定資格を得るためには公民と理科の選択によって異なるが，8科目から10科目に合格する必要がある．

図3-2をみると，2018年度は合格者平均年齢が22歳を超えており，2005

図3-3　高卒認定試験合格者の年齢分布

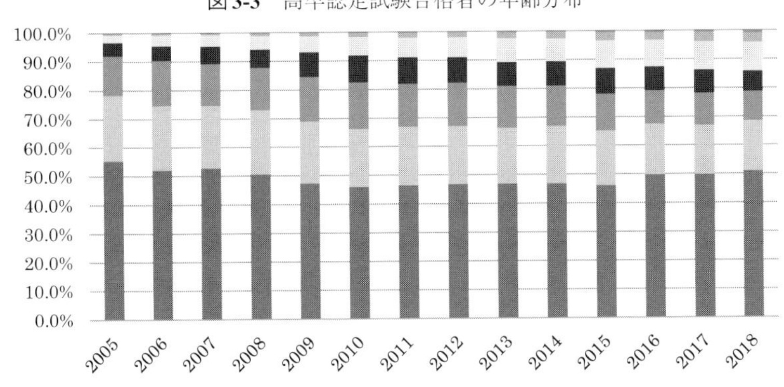

注）文部科学省（2019）「令和元年度第1回高等学校卒業程度認定試験実施結果について」より筆者作成

表3-5　年齢別高卒認定試験合格者数

	16–18歳	19–20歳	21–25歳	26–30歳	31–40歳	41–50歳	51–60歳	61歳以上	計
2005	4,696	1,958	1,166	399	225	42	11	2	8,499
2006	5,348	2,314	1,608	521	388	56	13	12	10,260
2007	5,717	2,371	1,590	656	427	61	13	9	10,844
2008	5,594	2,479	1,629	705	514	94	25	12	11,052
2009	5,069	2,323	1,661	923	599	105	24	8	10,712
2010	5,251	2,333	1,853	1,075	725	164	23	13	11,437
2011	4,488	1,979	1,446	893	662	157	29	5	9,659
2012	4,001	1,754	1,292	755	605	142	19	2	8,570
2013	3,976	1,656	1,231	699	704	168	24	11	8,469
2014	4,301	1,854	1,281	779	730	210	25	8	9,188
2015	4,403	1,812	1,243	847	914	277	35	15	9,546
2016	4,484	1,615	1,054	744	833	231	53	14	9,028
2017	4,717	1,638	1,064	764	929	304	57	6	9,479
2018	4,708	1,610	948	652	920	306	67	13	9,224

注）文部科学省（2019）「令和元年度第1回高等学校卒業程度認定試験実施結果について」より筆者作成

年度開始当初から2歳以上の上昇となっている．図3-3・表3-5より，高卒認定試験合格者に占める16–18歳の割合は大きく変化していない一方で，26歳以上での合格者が増加傾向にあることが示されている．2004年度までの大

表3-6　高卒認定試験合格により受験が認められる国家試験

府省庁名	国家試験の名称
文部科学省	幼稚園教員資格認定試験
文部科学省	小学校教員資格認定試験
文部科学省	高等学校教員資格認定試験
文部科学省	特別支援学校教員資格認定試験
厚生労働省	建築物環境衛生管理技術者試験
厚生労働省	保育士試験
厚生労働省	第一種衛生管理者免許試験
厚生労働省	第二種衛生管理者免許試験
厚生労働省	第一種作業環境測定士試験
厚生労働省	第二種作業環境測定士試験
厚生労働省	職業訓練指導員試験
農林水産省	普及指導員資格試験
農林水産省	林業普及指導員資格試験
農林水産省	水産業普及指導員資格試験
農林水産省	動物用医薬品登録販売者試験
国土交通省	1級土木施工管理技術検定試験
国土交通省	2級土木施工管理技術検定試験
国土交通省	1級建設機械施工技術検定試験
国土交通省	2級建設機械施工技術検定試験
国土交通省	1級管工事施工管理技術検定試験
国土交通省	2級管工事施工管理技術検定試験
国土交通省	1級造園施工管理技術検定試験
国土交通省	2級造園施工管理技術検定試験
国土交通省	1級建築施工管理技術検定試験
国土交通省	2級建築施工管理技術検定試験
国土交通省	1級電気工事施工管理技術検定試験
国土交通省	2級電気工事施工管理技術検定試験
国土交通省	浄化槽設備士試験
国土交通省	土地区画整理士技術検定

注）文部科学省（2019）「高等学校卒業程度認定試験Q&A」より筆者作成

学入学資格検定と異なり，高卒認定資格を保有していることで，高等学校卒業が受験要件となっている公務員試験を始めとする様々な試験が受験可能になるため，大学入学希望者以外の受験も浸透してきたことが要因と推測される（表3-6・表3-7）.

高卒認定試験合格者の最終学歴分布は，2005年から2018年まで大きな変化はなく，高等学校中途退学者が6割近くを占めている（図3-4・表3-8）.高等学校在学中の受験者も一定数いるが，これは年度末に高等学校を中途退

表3-7　高卒認定試験合格により受験が認められる国の採用試験

府省庁名等	採用試験の名称
人事院	国家公務員採用一般職試験
人事院	皇宮護衛官採用試験
人事院	入国警備官採用試験
人事院	税務職員採用試験
人事院	航空保安大学校学生採用試験
人事院	海上保安大学校学生採用試験
人事院	海上保安学校学生採用試験
人事院	気象大学校学生採用試験
防衛省	防衛大学校学生採用試験
防衛省	防衛医科大学校医学科学生採用試験
防衛省	防衛医科大学校看護学科学生採用試験
防衛省	航空学生採用試験
衆議院	衆議院事務局職員採用衛視試験
参議院	参議院事務局職員採用専門職（衛視）試験
裁判所	裁判所職員採用一般職試験

注）文部科学省（2019）「高等学校卒業程度認定試験Q&A」より筆者作成

図3-4　高卒認定試験合格者の最終学歴分布

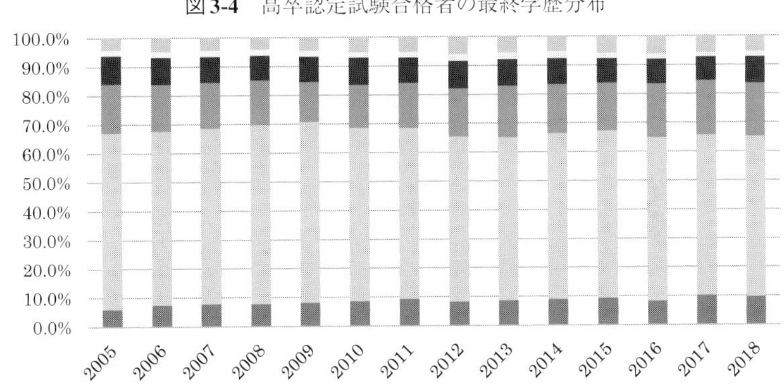

注）文部科学省（2019）「令和元年度第1回高等学校卒業程度認定試験実施結果について」より筆者作成

学することを見据えて高卒認定試験を受けている可能性がある．

高卒認定試験の受験動機や合格後の進路に関し，文部科学省は2011年度の高等学校卒業程度認定試験合格者8,774人（有効回収数2,493人・有効回収率28.4%）を対象に，調査を行っている（表3-9）．

表 **3-8**　最終学歴別高卒認定試験合格者数

	中卒	高校中退	全日制在学	定時制通信制	高専中退	その他	計
2005	526	5,295	1,473	848	169	361	8,672
2006	761	6,143	1,653	955	209	480	10,201
2007	847	6,607	1,734	977	233	474	10,872
2008	852	6,847	1,719	939	237	458	11,052
2009	867	6,703	1,485	948	213	496	10,712
2010	979	6,873	1,699	1,090	192	604	11,437
2011	898	5,711	1,516	852	171	511	9,659
2012	715	4,893	1,443	802	193	523	8,569
2013	736	4,767	1,522	779	189	476	8,469
2014	835	5,276	1,551	829	214	483	9,188
2015	894	5,525	1,583	810	183	551	9,546
2016	748	5,110	1,677	771	164	558	9,028
2017	980	5,249	1,790	777	140	543	9,479
2018	895	5,113	1,711	839	178	488	9,224

注）文部科学省（2019）「令和元年度第1回高等学校卒業程度認定試験実施結果について」より筆者作成

表 **3-9**　高卒認定試験の出願動機（複数回答）

大学進学のため	53.8%
短大進学のため	6.5%
専門学校進学のため	23.2%
留学のため	2.3%
資格試験の受験資格を得るため	10.3%
高等学校の単位認定のため	7.5%
就職のため	19.6%
高認資格が欲しかったため	39.9%
親に勧められて	7.3%
その他	4.7%

注）文部科学省資料より筆者作成

表 **3-10**　高卒認定試験合格後の進路

大学入学	24.9%
短大入学	4.6%
専門学校入学	15.3%
大学校（防衛大学校等）入学	0.2%
就職	8.9%
来年の大学等受験準備	23.4%
公務員試験の準備	0.5%
その他	21.0%
不明	1.3%

注）文部科学省資料より筆者作成

高卒認定試験合格者の進路については，「大学入学」，「短大入学」，「専門学校入学」，「大学校入学」，「来年の大学等受験準備」を合わせると68.4%となり，高卒認定合格者の7割近くが進学，もしくは進学準備をしていることがうかがえる（表3-10）.

海外に目を向けると，アメリカとカナダにおいてはGED（General Educational Development）と呼ばれる高等学校卒業程度認定試験にあたる試験制度がある．この試験に合格することで，高等学校卒業者と同等以上の学力を有することを示すことができる．石岡（2006）によれば，GEDは高校生の7人に1人が受験をしており，日本の高等学校卒業程度認定試験との違いとして，日本では高卒認定試験が高等学校での単位認定で科目免除があるのに対し，GEDは純粋に学力認定を目的とするものであるため，高等学校での単位認定等での科目免除がない点が挙げられている．

Heckman et al（2014）では，1980年から2009年の間におよそ2,500万人のGED保有者が生まれ，高等学校中途退学者のうちの6人に1人が取得したと指摘されている．

3.3　データと実証モデル

47都道府県別パネルデータを使用した分析において，分析手法については自由度の制約から，都道府県を8地域（北海道地方・東北地方・関東地方・中部地方・関西地方・中国地方・四国地方・九州沖縄地方）に分けた地域ダミーおよび年ダミーを入れたプールド分析を行う．

本分析では，高卒認定試験に影響を与えると考えられる高等学校中途退学との関係をみるために，2005年から2018年までの14年間分のデータセットを作成し，都道府県ごとの高卒認定試験受験者割合・高卒認定試験合格率を被説明変数に，高等学校中途退学率，高校生千人あたり大学等数，2007年

表3-11　高卒認定試験パネルデータの基本統計量

変数名	観測数	平均	標準偏差	最小	最大
高卒認定試験受験割合[7]	658	0.02	0.007	0.006	0.05
高卒認定試験合格率[8]	658	0.405	0.078	0.192	0.633
高等学校中途退学率	658	0.016	0.004	0.007	0.034
高校生千人あたり大学等数	658	0.32	0.11	0.13	0.68
中3全国学力テスト平均正答率[9]	564	64.1	3.8	51.7	77.5

7　高卒認定試験受験割合＝高卒認定試験受験者数÷高等学校卒業者数

8　高卒認定試験合格率＝高卒認定試験合格者数÷高卒認定試験受験者数

9　2007年度より実施．

図 **3-5**　高卒認定試験受験者割合

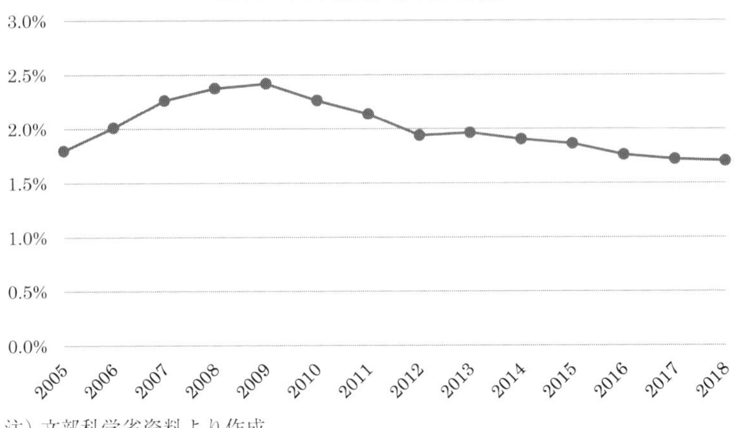

注）文部科学省資料より作成

図 **3-6**　高卒認定試験合格率

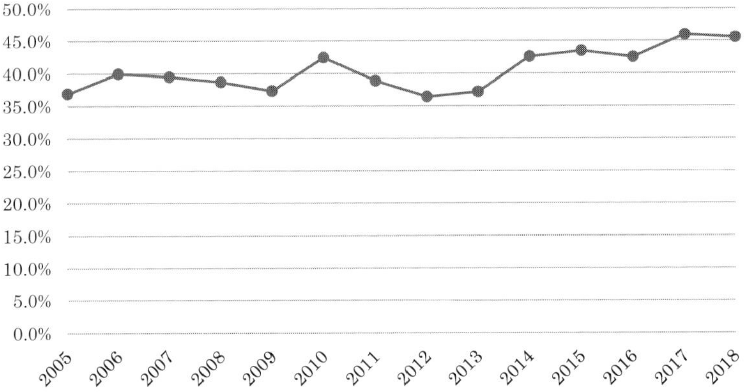

注）文部科学省資料より作成

から実施が始まった中学校3年生が対象の全国学力テスト結果を説明変数に用いて高卒認定試験に関する実証分析を行った.

都道府県別パネルデータの基本統計量（表3-11）により，高卒認定試験受験割合は2%，合格率は40.5%であることなどがみてとれ，時系列グラフ図3-5・図3-6でみても受験割合と合格率は安定していることがわかる.

【実証モデル1：被説明変数高卒認定試験受験割合】

高卒認定試験受験割合$_{k,t}=\alpha+\beta$高等学校中途退学率$_{k,t}+\gamma$高校生千人あたり大学等数$_{k,t}+\delta$中3全国学力テスト平均正答率$_{k,t-1}+\nu_t+\mu_d+\varepsilon_{k,t}$

【実証モデル2：被説明変数高卒認定試験合格率】

高卒認定試験合格率$_{k,t}=\alpha+\beta$高等学校中途退学率$_{k,t}+\gamma$高校生千人あたり大学等数$_{k,t}+\delta$中3全国学力テスト平均正答率$_{k,t-1}+\nu_t+\mu_d+\varepsilon_{k,t}$

【変数解説】

高卒認定試験受験割合$_{k,t}$：k県t年度の高等学校卒業者数に対する高卒認定試験受験者数

高卒認定試験合格率$_{k,t}$：k県t年度の高卒認定試験合格率

高等学校中途退学率$_{k,t}$：k県t年度の高等学校中途退学率

高校生千人あたり大学等数$_{k,t}$：k県t年度の高校生千人あたりの大学等数

中3全国学力テスト平均正答率$_{k,t-1}$：k県t−1年度の中3全国学力テストの平均正答率

ν_t：年度固有の観測できない効果

μ_d：地域固有の観測できない効果

$\varepsilon_{k,t}$：誤差項

【影響予測】

(a) 高等学校中途退学率$_{k,t}$：係数β

高等学校中途退学率の上昇は次のような経路を通じ，高卒認定試験受験割合に影響を及ぼしうると考えられる．第一に，高等学校を中途退学したとしても，大学等進学を目指す者が多ければ高卒認定試験受験者も増えると考えられる．一方で，高等学校中途退学しても，高等学校を再受験・転校したり，そのまま就業や無業を選んだりする者が多ければ，高卒認定試験受験者数への影響はないと考えられる．

高卒認定試験合格率に関しては，高等学校中途退学者の学力が高卒認定試験受験者平均よりも高ければ正の影響を与え，低ければ負の影響を与えると

考えられる．

(b) 高校生千人あたり大学等数$_{k,t}$: 係数γ

高卒認定試験の受験割合や合格率に関し，高校生千人あたりの大学等数はアクセスのしやすさと考えられ，近隣に多くの大学生等がいることで，高卒認定試験を受けるインセンティブや合格をするモチベーションとなる可能性がある．しかし，大学等数が多いことにより地域の労働市場で大卒労働者が飽和し，大卒者の市場価値が低くなっているのであれば，大学等進学のために高卒認定試験を受けるインセンティブは低くなる可能性が考えられる．

(c) 中3全国学力テスト平均正答率$_{k,t-1}$: 係数δ

中学3年生時の平均正答率は，当該都道府県ごとの高等学校入学前の平均的な学力を示している．基礎学力が高いことが大学進学意欲に繋がり，高校を通常に卒業する以外の方法である高卒認定試験を受験および合格への寄与が想定される．他方，学力が高いことで通常通り高等学校を卒業し，高卒認定試験をそもそも受ける理由がなくなる可能性も考えられる．

3.4　分析結果

分析結果を表3-12・表3-13に示す．高等学校中途退学率と高卒認定試験受験割合には正の相関があり，中途退学者が高卒認定試験を受けていることおよび高校生千人あたりの大学等数が多い，つまり高等教育へのアクセスのよさが高卒認定試験を受けて次の教育機関へのステージへ進もうとする姿がうかがえる．さらに，高卒認定試験合格率について目を向けると，受験割合と異なり，高等学校中途退学率が負の影響となっていることは興味深く，中学3年生時の全国学力テストの平均正答率の高さが正に効いていることと合わせ，学力面が高卒認定試験合格率に直結していることが示されている．

本研究の限界について述べる．本分析において使用したのは都道府県別データであるため，個人のバックグラウンドを制御できていない．そのため，高卒認定試験に関し，個人を追跡したデータで分析することが理想である．

表3-12　高卒認定試験受験割合の分析結果

分析手法：OLS	(1)	(2)	(3)
高等学校中途退学率	**0.926** [0.08]***	**0.832** [0.08]***	**0.837** [0.10]***
高校生千人あたり大学等数		**0.0134** [0.00]***	**0.0138** [0.00]***
中3全国学力テスト平均正答率			−0.000083 [0.00]
年ダミー	YES	YES	YES
地域ダミー	YES	YES	YES
標本数(N)	658	658	517
R2	0.254	0.457	0.444

* p＜0.1, ** p＜0.05, *** p＜0.01.［　］内は標準誤差

表3-13　高卒認定試験合格率の分析結果

分析手法：OLS	(1)	(2)	(3)
高等学校中途退学率	**−4.47** [0.93]***	**−3.68** [0.97]***	**−2.28** [1.12]**
高校生千人あたり大学等数		0.0196 [0.02]	−0.0331 [0.03]
中3全国学力テスト平均正答率			**0.0109** [0.00]***
年ダミー	YES	YES	YES
地域ダミー	YES	YES	YES
標本数(N)	658	658	517
R2	0.188	0.343	0.448

* p＜0.1, ** p＜0.05, *** p＜0.01.［　］内は標準誤差

3.5　結論

本章では，高等学校卒業程度認定試験の概要および受験・合格要因についてみてきた．都道府県別パネルデータを用いたプールド分析の結果，高等学校中途退学率と高卒認定試験受験割合には正の相関があることが示された．このことから，高等学校を中途退学した後に高卒認定という制度を使い，新たな高等教育への扉を開いている姿がみてとれる．これは教育機会確保の観点からも，高等学校卒業程度認定試験が正しく活用されていると考えられる．また，高卒認定試験合格率と中学3年生時の学力に正の相関があること

は，高卒認定試験が定める「高等学校を卒業した者と同等以上の学力があると認める」という認定像とも整合的な結果である．

最後に政策的含意を述べる．高卒認定試験が次の高等教育課程に進むためのステップというあるべき姿として機能している以上，大学入試改革において高等学校での達成度テストが導入される見込みだが，教育機会の確保という観点からも，高卒認定試験合格者にとって不利にならないようにすべきである．

第4章

通信制高等学校の入学者に関する分析

4.1　はじめに

日本の教育課程における義務教育期間は小学校から中学校までの9年間である．中学校卒業後は就職も含めた進路を自由に選ぶことができる．かつては中学校卒業後に就労する者も多かったが，近年，わが国における中学校卒業後の高等学校等への進学率はほぼ100%で，大学等への進学も全入時代と呼ばれて久しい（図4-1）．

高等学校・大学等への高い進学率の一方で，中学生の不登校数・不登校率が社会問題化している．文部科学省「児童生徒の問題行動・不登校等生徒指導上の諸課題に関する調査」によると，中学生の不登校人数は10万人を超え，約30人に1人が不登校という現状である．さらに，高等学校以降は義務教育外となるため，中途退学する学生が出てくる．文部科学省の同調査によると，日本における高等学校中途退学率は2%程度であり，直近3年間で毎年約5万人程度の中途退学者が発生している．このような社会的背景のもと，中学校での不登校経験者の進学先，全日制・定時制高等学校中途退学者の入学・転校先として，通信制高等学校が台頭してきている．通信制高等学校自体も時代の変化に応じて多様化してきており，2016年4月1日に開校した学校法人角川ドワンゴ学園N高等学校は，インターネットを中心とした学習を展開し，コースもプログラミングや大学進学など多岐にわたっている．N高等学校は2019年3月に第1期生1,597名が卒業しており，入学者数に対する卒業率は74.0%であった．卒業後進路が決定した生徒の割合は81.8%となっている．開校時生徒数は約1,500名で，2019年1月時点では8,000人近い生徒数を抱えている．

通信制高等学校は元来，中学校卒業後に就職したものの，働きながら高等学校で学び，卒業したい学生に対して，テレビやラジオ放送を通じて全日制・定時制とは異なった方法で教育を受ける機会を与える目的で1948年に創設され，70年が経った．しかし近年では，この通信制高等学校は様々な理由やモチベーションをもつ学生が集まってきている．例えば中学校で不登校を経験し，全日制・定時制高等学校への進学は諦めたが，相対的に入学しやすく，入学後の学習方法も比較的自由なことに魅力を感じ，通信制高等学校に入学する者や，全日制・定時制高等学校を中途退学した後に再度高等卒業を目指して入学する者など様々である．通信制高等学校の学習の中心は，自宅で行うことができるレポート提出に置かれている場合が多いが，年に数回は登校（スクーリング）の必要がある．このスクーリングは，各地域の協力校や学習施設を活用し行うことも可能であるため，当該の通信制高等学校が所在している都道府県以外からも広く入学することができるという特徴もある．

本書では，中学校における不登校経験という要因が通信制高等学校の入学者割合に影響しているのかという観点で，都道府県別データを用いて分析を行う．

図4-1　わが国の高等学校進学率および大学等進学率

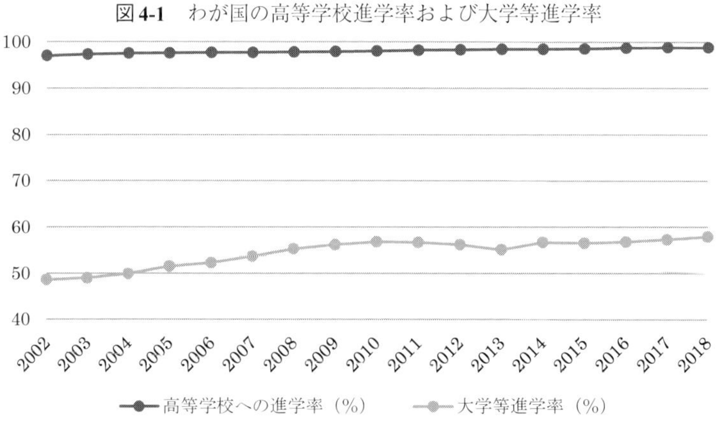

注）文部科学省（2019）「平成30年度学校基本調査」より筆者作成

4.2　先行研究

まず，文部科学省が毎年実施している「学校基本調査」から，高等学校入学・転学先の選択肢の1つとして，通信制高等学校が台頭してきていることをみていく．2018年度においては約5万人が通信制高等学校に入学しており，入学者の男女比については公立・私立ともにほぼ1:1となっている（表4-1）．公立・私立別の通信制高等学校入学者数に関して時系列グラフでみると，私立通信制高等学校入学者数の伸びが特に大きく，一方で公立通信制高等学校入学者数は減少の一途を辿っている（図4-2）．2018年度の通信制高等学校在籍生徒数合計は約18万7千人（公立約5万7千人・私立約13万人）で，入学者数と同様に私立通信制高等学校の在籍生徒数の伸びが大きく，対照的に公立通信制高等学校の在籍生徒数は減っている（図4-3）．年齢構成としては，15歳から18歳の生徒数で約8割を占めている（表4-2）．2018年度における卒業者数は約5万3千人で，そのうち大学等進学率は18.5%となっており（表4-3），通信制高等学校卒業者の大学等進学率は，なだらかに上昇傾向となっている（図4-4）．全日制も含めた高等学校の大学進学率平均が6割近いことを考慮すれば，相対的に低い数値であるものの，伝統的な全日制高等学校に通わずとも大学進学が十分に可能であるということが示されている．

通信制高等学校数[10]（図4-5）に関しては，直近10年間で公立通信制高等学校が250校，私立が350校と大きく変化していない．それに対し，入学者数や15歳の在籍生徒数が増加傾向であることがわかる（図4-6）．つまり，単

表4-1　2018年度通信制高等学校入学者数

	計	男	女
計	50,820	26,081	24,739
公立	11,046	5,157	5,889
私立	39,774	20,924	18,850

注）文部科学省（2019）「平成30年度学校基本調査」より筆者作成

[10] 独立校・併置校・協力校の合計．

図 4-2　通信制高等学校入学者数

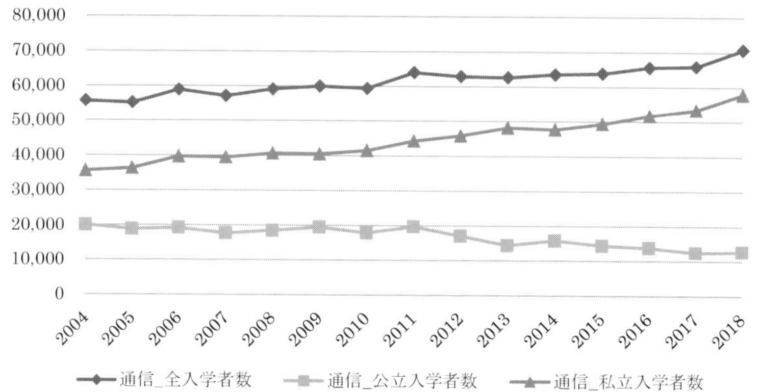

注）文部科学省（2019）「平成 30 年度学校基本調査」より筆者作成

図 4-3　通信制高等学校の在籍生徒数

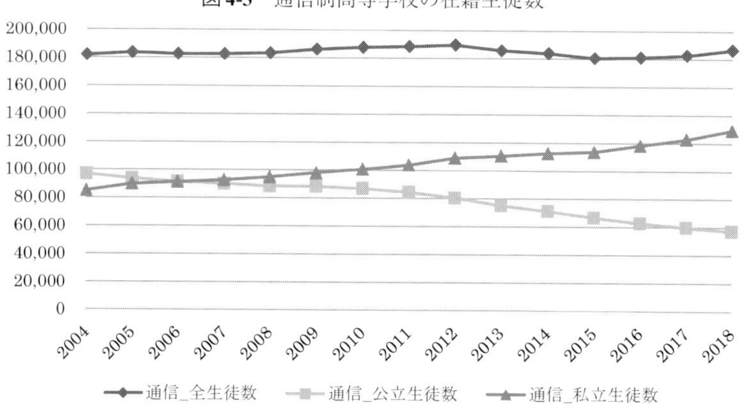

注）文部科学省（2019）「平成 30 年度学校基本調査」より筆者作成

純な通信制高等学校入学者数だけではなく，15 歳の在籍生徒数と合わせて読むことで，中学卒業後の直接進学先もしくは高等学校入学初年度での中途退学後の第 2 の進路選択肢として，全日制高等学校や定時制高等学校ではなく，通信制高等学校が選択肢として一般的になってきていると考えることができる．実際に，文部科学省（2019）「平成 30 年度学校基本調査」によると，中学校卒業後の高等学校進学者のうち，通信制高等学校に直接進学した者は

表4-2　2018年度通信制高等学校年齢別生徒数

	計	公立	私立
計	186,502	57,285	129,217
15歳	32,188	3,712	28,476
16歳	45,105	6,446	38,659
17歳	53,596	9,003	44,593
18歳	16,548	7,493	9,055
19歳	8,364	5,424	2,940
20-24歳	17,666	14,308	3,358
25-29歳	5,868	4,966	902
30歳以上	7,167	5,933	1,234

注）文部科学省（2019）「平成30年度学校基本調査」より筆者作成

表4-3　平成30年度通信制高等学校卒業者の進路

計	大学等	専修学校	職業能力開発施設等	就職者	左記以外の者	不詳・死亡の者
53,550	9,885	12,047	490	10,501	19,871	756

注）文部科学省（2019）「平成30年度学校基本調査」より筆者作成

図4-4　通信制高等学校卒業者の大学等進学率（%）

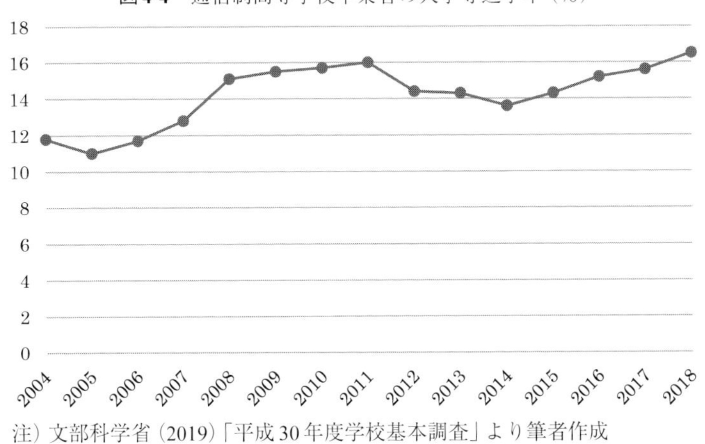

注）文部科学省（2019）「平成30年度学校基本調査」より筆者作成

図 4-5　通信制高等学校数

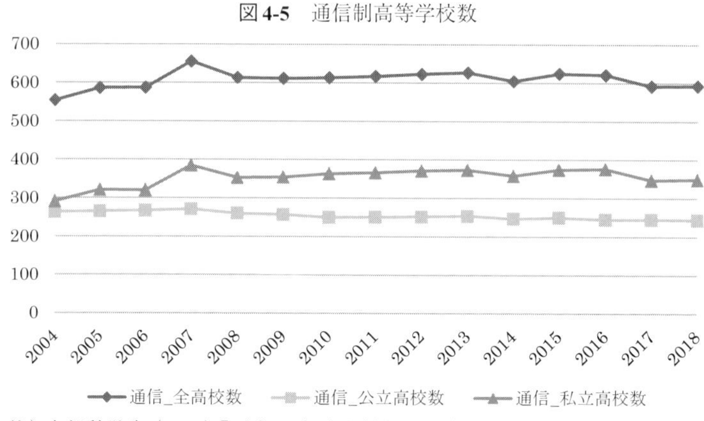

注）文部科学省（2019）「平成30年度学校基本調査」より筆者作成

図 4-6　通信制高等学校15歳在籍生徒数（公立私立別）

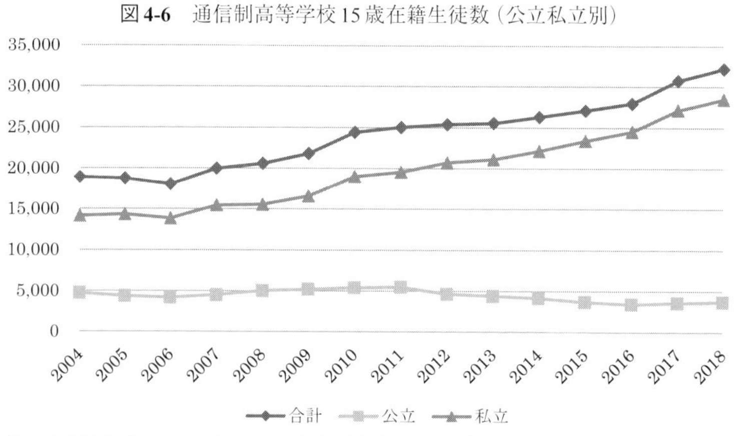

注）文部科学省（2019）「平成30年祖学校基本調査」より筆者作成

約2%，即ち約50人に1人という割合となっている．

15歳での通信制高等学校在籍者は，公立私立合計で2004年度の1万9千人から2018年度の3万3千人に大きく増加している．その内訳は私立通信制高等学校生徒数が2004年度の1万4千人から2018年度の2万8千人に増加しているのに対し，公立通信制高等学校生徒数は平成16年度の5,000人から3,700人まで減っていることから，絶対数および増加率ともに私立の通信制

図4-7　通信制高等学校15歳在籍生徒数（男女別）

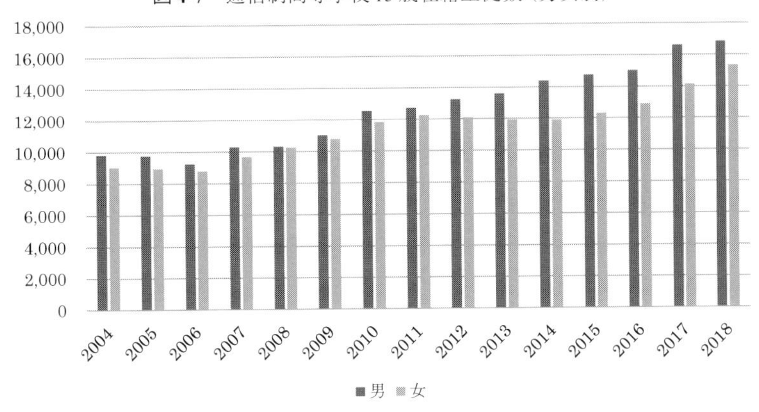

注）文部科学省（2019）「平成30年度学校基本調査」より筆者作成

高等学校生徒数が台頭していることがわかる（図4-6）．男女別でみると，男子生徒の方が女子生徒と比較して15歳時点での通信制高等学校在籍者数が若干多くなっている（図4-7）．

通信制高等学校の入学理由について，平部ら（2017）では，アンケートを通じて調査している．新入学者は学力上の理由，転・編入学者は前校での不適応によるものの割合が高いことを示している．このことから，中学校卒業後に直接通信制高等学校に入学する者と，一度全日制・定時制高等学校等に入学したものの中途退学し，別の高等学校で学びなおすことを決めた者では，入学理由が明確に異なっていることがわかる．

保健室の役割として，増田ら（2010）は，全国にある高等学校通信制課程100校の保健室担当者に対して質問紙調査を実施している．49校から得られたデータを分析し，保健室担当者からみた通信制高等学校の生徒の特徴として，精神疾患や精神的な問題，健康問題を抱える生徒が多いことを指摘している．このことから，高等学校卒業のためには学力だけではなく，健康状態も重要であり，これは保健室単体で対応することには限界が存在することから，スクールカウンセラーの配置や学校外の専門機関との連携など，包括的な生徒支援が必要と述べている．

通信制高等学校は，元来テレビ放送・ラジオ放送といったメディアを通じて教育を受ける機会を拡げる目的で創設されたことは上述の通りである．メディアの役割という観点では，宇治橋（2018）がNHK放送文化研究所実施の「教師のメディア利用と意識に関する調査」をまとめている．通信制高等学校所属の教師に対する2017年度調査のアンケートで，NHK高校講座がレポート課題作成や授業準備に利用されていることが明らかとなっている．通信制高等学校では，生徒がテレビ放送・ラジオ放送等のメディアを活用した学習時間を単位取得のために必要な面接指導時間数等にあてることができ，この面接指導時間数免除に，NHKが放送している高校講座をはじめとした番組が非常に高い頻度で活用されていることが調査から明らかとなっている．

2019年度はNHKのEテレ（教育テレビジョン）とラジオ第2で高校講座23科目計1,490番組を以下の表4-4・表4-5のとおり，放送している．

表4-4　NHK高校講座（Eテレ）

Eテレ（計734本）			
教科	番組本数	教科	番組本数
国語表現	40	コミュニケーション英語	40
世界史	40	家庭総合	40
日本史	40	社会と情報	20
地理	40	ビジネス基礎	20
数学Ⅰ	40	簿記	20
科学と人間生活	20	ベーシック国語	40
物理基礎	40	ベーシック数学	40
化学基礎	40	ベーシックサイエンス	40
生物基礎	40	ベーシック英語	40
地学基礎	40	体を動かすTV	10
美術Ⅰ	20	総合的な探求の時間	4
書道Ⅰ	20		

注）NHK高校講座HPより筆者作成

表4-5　NHK高校講座（ラジオ第2）

ラジオ第2（計756本）			
教科	番組本数	教科	番組本数
国語総合	84	保健体育	42
現代文	84	音楽Ⅰ	42
古典	84	コミュニケーション英語Ⅱ	84
現代社会	42	コミュニケーション英語Ⅲ	42
倫理	42	英語表現Ⅰ	42
政治・経済	42	仕事の現場real	42
数学Ⅱ	84		

注）NHK高校講座HPより筆者作成

4.3　データと実証モデル

データは，文部科学省が実施している通信制高等学校に関する統計，および中学校不登校人数等に関する2004年度から2018年度の都道府県別パネルデータとする．また，男女別データは一部変数にしか存在しないため，本分析では男女を区別せずに合計，もしくは平均として分析を行っていく．分析手法については，自由度の制約から都道府県を8地域（北海道地方・東北地方・関東地方・中部地方・関西地方・中国地方・四国地方・九州沖縄地方）に分けた地域ダミーおよび年ダミーを入れたプールド分析を行う．

通信制高等学校入学に及ぼす影響として，通信制高等学校数割合・中学生不登校割合・大学等進学率・中3全国学力テストの4変数を用いた．中学生の不登校割合，および中学3年生時の全国学力テスト平均点については，1年のラグをとって分析に加える（表4-6）．

表4-6　都道府県パネルデータ分析の基本統計量

変数名	観測数	平均	標準偏差	最小	最大
通信制高等学校生徒入学割合[11]	705	0.051	0.054	0	0.355
通信制高等学校数割合[12]	705	0.11	0.09	0.01	0.68
中学生不登校割合[13]	705	0.028	0.004	0.018	0.049
大学等進学率[14]	705	0.501	0.07	0.311	0.67
中3全国学力テスト平均正答率[15]	564	64.1	3.8	51.7	77.5

【実証モデル】

$$\text{通信制高等学校生徒入学割合}_{k,t} = \alpha + \beta\,\text{通信制高等学校数割合}_{k,t} + \gamma\,\text{中学生不登校割合}_{k,t-1}$$
$$\delta\,\text{大学等進学率}_{k,t} + \phi\,\text{中3全国学力テスト平均正答率}_{k,t-1} + \nu_t + \mu_d + \varepsilon_{k,t}$$

【変数解説】

通信制高等学校生徒入学割合$_{k,t}$: k県t年度に通信制高等学校に入学した者の割合

通信制高等学校数割合$_{k,t}$: k県t年度の全高等学校数に占める通信制高等学校数の割合

中学生不登校割合$_{k,t-1}$: k県t－1年度の中学生の不登校割合

大学等進学率$_{k,t}$: k県t年度の高等学校卒業者に占める大学等進学者数の割合

中3全国学力テスト平均正答率$_{k,t-1}$: k県t－1年度の中3全国学力テストの平均正答率

[11] 通信制高等学校生徒入学割合＝通信制高等学校入学者数÷中学校卒業者のうち進学者数

[12] 通信制高等学校数割合＝通信制高等学校数÷全高等学校数

[13] 中学生不登校割合＝中学生不登校人数÷全中学校生徒数

[14] 大学等進学率＝高等学校卒業者のうち進学者数÷高等学校卒業者数

[15] 2007年度より実施.

ν_t ：年度固有の観測できない効果

μ_d ：地域固有の観測できない効果

$\varepsilon_{k,t}$：誤差項

【影響予測】

(a) 通信制高等学校数割合 $_{k,t}$: 係数β

地域の通信制高等学校数割合が高いことで，中学校卒業後，もしくは高等学校中途退学後の進路選択肢の1つとして認知度，スクーリングのためのアクセスの良さという観点から，通信制高等学校入学増に寄与する可能性がある．一方で，通信制高等学校はスクーリングがあるといえども自宅学習が中心であり，他県への入学も多いため，解釈には注意を要する．

(b) 中学生不登校割合 $_{k,t-1}$: 係数γ

中学生不登校割合が高いということは，全日制高等学校の入試にて学力上・成績上不利になり得ることから，全日制と比較して相対的に入学試験に多様性が認められ，生徒サポートが充実している通信制高等学校への入学増に寄与する可能性がある．一方で，中学生で不登校を経験した者もそのほとんどが全日制高等学校に進んでいるのであれば，影響は見られないと考えられる．

(c) 大学等進学率 $_{k,t}$: 係数δ

地域の大学へのアクセスのしやすさや，大学進学の意識を表している指標であり，大学等進学率が高い地域では，高等教育進学を見据えた教育が行われ，入学する高等学校は通信制よりも全日制が中心となっている可能性がある．

(d) 中3全国学力テスト平均正答率 $_{k,t-1}$: 係数φ

中学3年生時の全国学力テスト平均正答率は，当該都道府県ごとの高等学校入学前の平均的な学力を示しており，通信制高等学校は学力面での不安を抱える生徒が進学する場合も多いことから，平均学力が高い都道府県ほど通

信制高等学校進学割合は小さい可能性がある．

4.4 分析結果

分析結果を表4-7に示す．分析に用いた説明変数に関し，結果は整合的かつ概ね統計的にも有意な結果であった．

全高等学校に占める通信制高等学校数が多い都道府県では，通信制高等学校への入学者割合も高く，通信制高等学校が身近にあることが入学にも繋がっていると考えられる．また，中学生不登校割合が高いと通信制高等学校入学者数割合が高いことは，不登校を経験した中学生が全日制高等学校よりも通信制高等学校を選んでいる傾向がみてとれる．大学進学率が高い地域においては通信制高等学校入学者割合が低く，大学進学と高等学校の種類には関係があることが示唆される．最後に中学3年生時の全国学力テストの結果は，統計的には有意ではないものの，係数の符号としては負となっており，

表4-7　通信制高等学校入学の分析

分析手法：OLS	(1)	(2)	(3)	(4)
通信制高等学校数割合	**0.27**	**0.263**	**0.271**	**0.276**
	[0.02]***	[0.02]***	[0.02]***	[0.03]***
中学生不登校割合		**1.37**	**1.59**	**1.71**
		[0.55]**	[0.53]***	[0.70]**
大学等進学率			**−0.226**	**−0.267**
			[0.04]***	[0.05]***
中3全国学力テスト平均正答率				−4.7E-05
				[0.00]
年ダミー	YES	YES	YES	YES
地域ダミー	YES	YES	YES	YES
標本数(N)	705	658	658	517
R2	0.333	0.326	0.358	0.345

* $p < 0.1$, ** $p < 0.05$, *** $p < 0.01$
[　　] 内は標準誤差

今後年度が追加されていくことでより精緻な結果が出るのではないかと考えている．

不登校経験者の中学卒業後の進路について，2006年度時点で不登校だった中学3年生の追跡調査を行った文部科学省（2014）「不登校に関する実態調査―平成18年度不登校生徒に関する追跡調査報告書―」では，高等学校への進学率は87.7%と報告されており，全体平均がほぼ100%近いことに鑑みると中学校不登校者の高等学校進学率は低い．上記調査において，進学先の高等学校の種別についての項目はないものの，不登校の場合，全日制高等学校への入学が困難になり得るため，相対的に入学しやすい通信制高等学校を選択している可能性がある．

4.5　結論

本章では，主に中学校不登校経験者という要因が通信制高等学校の入学者割合に影響しているのかという観点で都道府県別データを用い，プールド分析を行った．

分析の結果，2点が明らかとなった．1点目は，中学生不登校割合が増加すると翌年度の中学校卒業者に占める通信制高等学校入学割合も増加するということである．このことから，不登校を経験した中学生が全日制や定時制高等学校ではなく，より自由な学び方ができ，入学難易度も相対的に低い通信制高等学校に入学していることが示唆される．

2点目は，通信制高等学校数割合と通信制高等学校入学者割合に正の関係があり，通信制高等学校にアクセスしやすいということが入学のハードルを下げ，高等学校教育機会の確保に繋がっていることが示唆される．

本研究では，これまで定量的に注目されてこなかった通信制高等学校の入学者に着目し，都道府県別データを用いてプールド分析を行った．都道府県レベルのデータから出発し，ここから個人を追跡した中学校から高等学校への進路選択についてのデータ分析に発展させることができれば，より精緻な分析結果を得ることが可能となり，昨今の通信制高等学校の役割をより詳細に論じることができるであろう．

第5章

総論

本書では，小学校・中学校における不登校や高等学校を取り巻く環境について，誰もがアクセス可能なデータに基づき議論を展開した．

小学校・中学校においては，不登校児童数は2018年度に過去最多の16万人を超える水準となった．割合で考えると，中学生については約27人に1人，つまりは少なくとも1クラスに1人は不登校児童がいるというのが現実である．本書を執筆していた2020年3月現在，新型コロナウイルスによって小学校・中学校は休校に直面している．教育機会が提供されないという点では不登校児童と同じ状況であり，インターネットを通じた学習機会の確保が急務ということが議論されており，災い転じて良い方向に変わっていくと信じたい．

義務教育である小学校・中学校と異なり，高等学校においては，毎年5万人の中途退学が大きな問題となる．47都道府県パネルデータを使用した分析の結果，最低賃金と比較して高卒賃金が上昇すると卒業のインセンティブが高まり，中途退学率は下がること，そして中学生不登校割合が高いと中途退学率も高くなること，が明らかとなった．

確かに中途退学は教育問題の1つであるが，高等学校は義務教育ではないため，転校・再入学などにより，再チャレンジすることができる．その1つとして，インターネットでの学習・コミュニケーションを中心とした通信制高等学校の台頭は目覚ましく，様々な層の学習ニーズを満たし人気を集めている．また，高等学校卒業程度認定試験という制度を使うことで，大学等に進学することも可能である．

筆者自身が小学校・中学校で不登校を経験しており，本書が政策意思決定者や教育現場の方々だけでなく，不登校・中途退学者の当事者や家族の希望になれば幸甚である．

Akabayashi, H., and Araki, H. (2011). Do education vouchers prevent dropout at private high schools? Evidence from Japanese policy changes. *Journal of the Japanese and International Economies*, *25*(3), 183-198.

Akabayashi, H., and Nakamura, R. (2014). Can small class policy close the gap? An empirical analysis of class size effects in Japan. *The Japanese Economic Review*, *65*(3), 253-281.

Allensworth, E. M. (2005). Dropout rates after high-stakes testing in elementary school: A study of the contradictory effects of Chicago's efforts to end social promotion. *Educational Evaluation and Policy Analysis*, *27*(4), 341-364.

Attwood, G., and Croll, P. (2006). Truancy in secondary school pupils: Prevalence, trajectories and pupil perspectives. *Research Papers in Education*, *21*(4), 467-484.

Becker, G. S. (2009). *Human capital: A theoretical and empirical analysis, with special reference to education*. University of Chicago press.

Bos, K. T., Ruijters, A. M., and Visscher, A. J. (1992). Absenteeism in secondary education. *British Educational Research Journal*, *18*(4), 381-295.

Broadwin, I. T. (1932). A contribution to the study of truancy. *American Journal of Orthopsychiatry*, *2*(3), 253.

Cabus, S. J., and De Witte, K. (2013). Why do Students Leave Education Early?—Theory and Evidence on high school dropout rates. *TIER WORKING PAPER SERIES* 13/01.

Cabus, S. J., and De Witte, K. (2015). Does unauthorized school absenteeism accelerates the dropout decision?—Evidence from a Bayesian duration model. *Applied Economics Letters*, *22*(4), 266-271.

De Witte, K., and Rogge, N. (2013). Dropout from secondary education: All's well that begins well. *European Journal of Education, 48*(1), 131-149.

Dustmann, C. (1997). Return migration, uncertainty and precautionary savings. *Journal of Development Economics*, *52*, 295-316.

Fry, R. A. (2010). *Hispanics, high school dropouts and the GED*. Washington, DC: Pew Hispanic Center.

Heckman, J. J., Humphries, J. E., and Kautz, T. (Eds.). (2014). *The myth of achievement tests: The GED and the role of character in American life*. University of Chicago Press.

Heckman, J. J., and Rubinstein, Y. (2001). The importance of noncognitive skills: Lessons from the GED testing program. *American Economic Review*, *91*(2), 145-149.

Henry, K. L. (2007). Who's skipping school: Characteristics of truants in 8th and 10th grade. *Journal of School Health*, *77*(1), 29-35.

Hersov, L. A. (1960). Refusal to go to school. *Journal of Child Psychology and Psychiatry*, *1*(2), 137–145.

Johnson, A. M., Falstein, E. I., Szurek, S. A., and Svendsen, M. (1941). School phobia. *American Journal of Orthopsychiatry*, *11*(4), 702.

Kahn, J. H., and Nursten, J. P. (1962). School refusal: A comprehensive view of school phobia and other failures of school attendance. *American Journal of Orthopsychiatry*, *32*(4), 707.

Keane, M. P., and Wolpin, K. I. (1997). The career decisions of young men. *Journal of Political Economy*, *105*, 3 (June 1997), 473–522.

Lee, V. E., and Burkam, D. T. (2003). Dropping out of high school: The role of school organization and structure. *American Educational Research Journal*, *40*(2), 353–393.

Murnane, R. J., Willett, J. B., and Boudett, K. P. (1999). Do male dropouts benefit from obtaining a GED, postsecondary education, and training? *Evaluation Review*, *23*(5), 475–503.

Nuttall, J., Hollmen, L., and Staley, E. M. (2003). The effect of earning a GED on recidivism rates. *Journal of Correctional Education*, 90–94.

Oreopoulos, P. (2007). Do dropouts drop out too soon? Wealth, health and happiness from compulsory schooling. *Journal of public Economics*, 91(11–12), 2213–2229.

Pilkington, C. L., and Piersel, W. C. (1991). School phobia: A critical analysis of the separation anxiety theory and an alternative conceptualization. *Psychology in the Schools*, *28*(4), 290–303.

Rumberger, R. W. (1983). Dropping out of high school: The influence of race, sex, and family background. *American Educational Research Journal*, *20*(2), 199–220.

Stephens, C. (2010). The potential barriers to adult GED transition. *Online Journal for Workforce Education and Development*, *4*(2), 5.

Tyler, J. H. (2005). The general educational development (GED) credential: History, current research, and directions for policy and practice. *Review of Adult Learning and Literacy*, *5*, 45–84.

Webb, N. M., Shavelson, R. J., Shea, J., and Morello, E. (1981). Generalizability of general education development ratings of jobs in the United States. *Journal of Applied Psychology*, *66*(2), 186.

穐本昌寛，関根道和，山田正明，立瀬剛志．(2017)．登校回避感情と関連する要因：文部科学省スーパー食育スクール事業の結果から．*日本公衆衛生雑誌*，*64*(6)，311–321.

朝倉景樹．(1995)．登校拒否のエスノグラフィー．彩流社.

荒木宏子．(2011)．総合学科設置（コンプリヘンシブ・カリキュラム）が高等学校生徒の中退行動に与えた影響の計量分析．*経済分析*，(185), 22–45.

五十嵐哲也．(2011)．中学進学に伴う不登校傾向の変化と学校生活スキルとの関連．*教育心理学研究*，*59*(1), 64–76.

五十嵐哲也，萩原久子．(2004)．中学生の不登校傾向と幼少期の父親および母親への愛着との関連．*教育心理学研究*，*52*(3), 264–276.

池本駿，鈴木秀男．(2019)．高等教育中途退学が就業形態や賃金に与える影響．*日本経営工学会論文誌*，*70*(1), 1–9.

石岡恒憲．(2006)．北米における高等学校卒業程度認定試験General Educational Development Testについて．*Forum*, *29*, 79–82. 大学入試センター．

石﨑優子．(2017)．子どもの心身症・不登校・集団不適応と背景にある発達障害特性．*心身医学*，*57*(1), 39–43.

井出草平．(2014)．内閣府ひきこもり調査の検討：調査法，ひきこもり票の検討，社会的関係，不登校経験率．*四天王寺大学紀要*，(58), 179–202.

伊藤秀樹．(2009)．不登校経験者への登校支援とその課題．*教育社会学研究*，*84*, 207–226.

今野良祐．(2017)．埼玉県における高校進学動態の教育地理学的分析．*筑波大学附属坂戸高等学校研究部*，(54), 51–60.

今野友華，青木真理．(2016)．不登校の予防的支援に関する研究：へき地小規模小学校の中学校進学を見通した取り組み．*福島大学総合教育研究センター紀要*，(21), 45–51.

岩田弘三．(2018)．大学における中退の実態とその防止に向けた取り組み：大学へのヒアリング調査をもとにした事例分析．*武蔵野大学教養教育リサーチセンター紀要*，(8), 15–26.

宇治橋祐之．(2018)．定時制高校・通信制高校の多様な学びとメディア利用．*放送研究と調査*，*68*(8), 46–72.

碓井健寛．(2017)．義務教育未修了者とは何か？：2010年国勢調査から見る福島県の現状．創価経済論集，*46*(1·2·3·4), 65–77.

内田康弘，濱沖敢太郎．(2015)．通信制高校における中退経験者受け入れの推移に関する研究—中退率及び在籍者年齢層の変遷を基にした一考察—．*日本通信教育学会研究論集*，1–16.

大阪府教育委員会．(2015)．中退の未然防止のために～1年生を中心とした取組みの要と具体例～．

大阪府教育委員会．(2017)．大阪府内の高校への転学について．

岡部卓．(2007)．生活保護　自立支援プログラムの構築　官学連携による個別支援プログラムのPlan·Do·See. ぎょうせい．

小川洋．(2009)．通学区域の見直しと高校の特色作り—総合選抜制を中心に(特集高等学校教育改革の成果と課題)．*国立教育政策研究所紀要*，*138*, 75–85.

加藤尚吾，古屋雅康，赤堀侃司．(2004)．電子メールカウンセリングによる不登校児童生徒の不登校状態の変容に関する分析．*日本教育工学会論文誌*，*28*(1), 1-14.

加茂聡，東條吉邦．(2010)．発達障害と不登校の関連と支援に関する現状と展望．*茨城大学教育学部紀要（教育科学）*，*59*, 137-160.

川口大司．(2011)．ミンサー賃金関数の日本の労働市場への適用．*RIETI Discussion Paper Series*, 11-J-026, 1-26.

熊谷亮，橋本創一．(2016)．日本における学校適応に関する研究の動向と課題．*東京学芸大学紀要．総合教育科学系*，*67*(2), 319-325.

国立教育政策研究所生徒指導・進路指導研究センター．(2015)．中1ギャップの真実．

国立教育政策研究所．(2017)．高校中退調査報告書～中退者と非中退者との比較から見えてきたもの～．

埼玉県教育委員会．(2016)．高等学校中途退学追跡調査報告書．

酒井朗，林明子．(2012)．後期近代における高校中退問題の実相と課題：「学校に行かない子ども」問題としての分析．*大妻女子大学家政系研究紀要*，*48*, 67-78.

榊原禎宏．(2005)．高校学区政策として取りうる選択肢をめぐって（I〈特集1〉山梨の教育改革を問う）．*日本教育政策学会年報*，*12*, 20-27.

佐野秀樹．(2017)．思春期の生徒指導：不登校といじめを中心に．*東京学芸大学紀要．総合教育科学系*，*68*(1), 191-196.

杉浦采夏 et al. (2017)．小学校保健室利用の特別な支援が必要な児童の現況と外部機関との連携に関する調査研究．*東京学芸大学紀要．総合教育科学系*，*68*(2), 479-485.

杉岡千宏，橋本創一，林安紀子．(2017)．発達障害・仲間はずれ・不登校傾向のある中学生の援助．*東京学芸大学紀要．総合教育科学系*，*68*(2), 391-397.

鈴木晴久．(2017)．和歌山県における県立高等学校通学区域に関する研究．*教育行財政研究*，*44*, 1-10.

平部正樹，小林寛子，藤後悦子，藤本昌樹．(2016)．通信制高等学校における生徒の精神健康．*東京未来大学研究紀要*，*9*, 167-178.

平部正樹，小林寛子，藤後悦子，藤本昌樹，藤城有美子，北島正人．(2017)．入学状況から見た通信制高等学校生徒の精神健康．*東京未来大学研究紀要*，*10*, 135-144.

高田純 et al. (2015)．大学生の発達障害の特性と不登校傾向の関連．*総合保健科学*，*31*, 27-33.

竹橋洋毅，小林寛子，平部正樹，藤後悦子，藤本昌樹．(2018)．暗黙の知能観が通信制高等学校の生徒の幸福感に及ぼす影響．*モチベーション研究：モチベーション研究所報告書 = Japanese Journal of Motivational Studies: IMSAR Annual Report*, (7), 31-41.

田中寧．(2010)．内部収益率のバリエーションと大学進学の経済的メリットの再考察．*京都産業大学論集．社会科学系列*，*27*, 63-82.

千島雄太，水野雅之．(2015)．入学前の大学生活への期待と入学後の現実が大学適応に及ぼす影響．*教育心理学研究*，*63*(3), 228-241.
東京都教育委員会．(2013)．都立高校中途退学者等追跡調査報告書.
東京都教育委員会．(2017)．都立高等学校の転学・編入学について.
中室牧子．(2015)．「学力」の経済学．ディスカヴァー・トゥエンティワン.
中室牧子．(2017)．少人数学級はいじめ・暴力・不登校を減らすのか．RIETI Discussion Paper Series 17-J-ot4, 1-37．独立行政法人経済産業研究所.
中村真，松田英子．(2015)．大学への帰属意識が大学不適応に及ぼす影響—出席率，GPAを用いた分析—．*江戸川大学紀要*，*25*.
中村美詠子 et al. (2010)．不登校傾向と自覚症状，生活習慣関連要因との関連静岡県子どもの生活実態調査データを用いた検討．*日本公衆衛生雑誌*，*57*(10), 881-890.
根本泰雄．(2018)．神奈川県公立高等学校入学者選抜制度に起因する進路選択時の陥穽～関東地方一都六県の公立高等学校入学者選抜制度の比較を通して～．*東京理科大学教職教育研究*，(3), 183-194.
藤田毅，加藤誠之．(2012)．大学生による私立高等学校での学習支援活動に見る高校生の学びと学校改革への視点．*人間関係学研究*，*18*(1), 33-39.
北條雅一．(2017)．高校新卒者の進学行動と最低賃金．*日本経済研究＝JCER Economic Journal*, (75), 1-20.
本間友巳．(2000)．中学生の登校を巡る意識の変化と欠席や欠席願望を抑制する要因の分析．*教育心理学研究*，*48*(1), 32-41.
増田明美，塚本康子，三田英二．(2010)．全国の通信制高等学校における保健室の実態と課題．*変革の時代に求められる養護教諭の資質・能力と6年制教育*，52(3), 52-62.
松森武嗣．(2009)．単独選抜制度移行による旧総合選抜高校間格差の要因．*別府大学紀要*，(50), 25-36.
三宅幹子．(2018)．中学1年生を対象としたピア・サポートプログラムの効果の検討：小学6年生への移行支援をピア・サポート活動に位置付けて．*岡山大学教師教育開発センター紀要*，(8), 123-133.
村上佳津美．(2015)．小児期不登校治療における EBM と NBM (〈特集〉心身医学的治療の EBM と NBM)．*心身医学*，*55*(1), 50-54.
森田洋司．(1991)．私事化社会の不登校問題．*教育社会学研究*，*49*, 79-93.
文部科学省．(1991)．保護者の転勤に伴う高等学校における転入学者等の受入れの推進の通知.
文部科学省．(2010)．平成22年度児童生徒の問題行動等生徒指導上の諸問題に関する調査.
文部科学省．(2013)．高等学校教育部会（第21回）資料3-1専門学科における近年の動向と課題.
文部科学省.（2013）．高等学校卒業程度認定試験合格者の進路状況に関する調査の結果.
文部科学省.（2014）．不登校に関する実態調査～平成18年度不登校生徒に関する追跡調査報告書～.
文部科学省.（2015）．小・中学校に通っていない義務教育段階の子供が通う民間の団体・施設に関する調査.
文部科学省.（2015）．平成26年度子供の学習費調査.
文部科学省.（2018）．平成29年度児童生徒の問題行動・不登校等生徒指導上の諸課題に関する調査.
文部科学省.（2018）．平成29年度学校基本調査.
文部科学省.（2019）．平成30年度児童生徒の問題行動・不登校等生徒指導上の諸課題に関する調査.
文部科学省.（2019）．令和元年度（速報）学校基本調査.
安井健悟，佐野晋平.（2009）．教育が賃金にもたらす因果的な効果について—手法のサーヴェイと新たな推定（特集教育と労働）．*日本労働研究雑誌*，*51*(7), 16-33.
山田耕一，田村節子.（2017）．通信制高等学校サポート校における登校安定までの心理的変容過程．*東京成徳大学大学院心理学研究科臨床心理学研究 Bulletin of Clinical Psychology*, (17), 78-87.
吉野剛弘.（2019）．近代日本における「受験」の成立—「資格」試験から「選抜」試験へ—．ミネルヴァ書房.
労働政策研究・研修機構.（2013）．子育てと仕事の狭間にいる女性たち—JILPT子育て世帯全国調査2011の再分析—．*労働政策研究報告書*，159.
NPO法人東京シューレ．https://www.shure.or.jp/,（参照2020-03-16）
学校法人東京シューレ学園．『東京シューレ江戸川小学校』．https://edogawa.shuregakuen.ed.jp/,（参照2020-03-16）.
学校法人東京シューレ学園．『東京シューレ葛飾中学校』．https://katsushika.shuregakuen.ed.jp/school/,（参照2020-03-16）.
学校法人角川ドワンゴ学園N高等学校．https://nnn.ed.jp,（参照2020-03-16）.

著者紹介

池本　駿

2016年　慶応義塾大学経済学部卒業

2018年　慶應義塾大学大学院経済学研究科修了（修士課程）

2019年　慶應義塾大学大学院理工学研究科修了（修士課程）

現在　　株式会社ジェイック　マーケティング開発部

元・三菱経済研究所研究員

教育経済学の実証分析
—小中学校の不登校・高校における中途退学の要因分析—

2020年 7月30日　発行

定価　本体1,000円＋税

著　　者　　池本　　駿（いけもと しゅん）

発行所　　公益財団法人　三菱経済研究所
東京都文京区湯島4-10-14
〒113-0034 電話(03)5802-8670

印刷所　　株式会社　国　際　文　献　社
東京都新宿区山吹町332-6
〒162-0801 電話(03)6824-9362

ISBN 978-4-943852-77-3